はじめに

長崎の町は小さい。港を中心としたわずかな平地と中心部のわずかな丘陵。町の周囲を山々がとりまいている。町は、ポルトガル船がこの港を見つけ、根拠地としたことからはじまった。それから三百年あまり。長崎では、海外交流がとぎれることなくつづいた。

江戸時代。幕府にとって長崎は、金の卵を産む鶏のように大切にあつかわれてきた。海外からの貿易品は幕府の財政をうるおし、風説書《ふうせつがき》がつたえる詳細な海外情報は全国にひろまった。長崎は、幕府にとって特別な町だったのである。貿易に特化し、外国と交流しつづけた町が独特の発展をとげたのは、幕府の代理者として長崎を統治した長崎奉行の功績が大きかった。

歴代長崎奉行は百二十五名をかぞえた。その最後の長崎奉行が、本書の主人公になる河津《かわづ》祐邦《すけくに》である。

河津祐邦は、戦雲ただようなかで長崎奉行所の幕引きをした。劇的な撤収を成功させた祐邦だが、出しぬかれた土佐や薩摩の者たちからは「夜逃げ奉行」としてさげすまれてきた。評価は勝者がきめるさだめから、祐邦は負のイメージを背負いつづけている。

長崎では一発の銃声も鳴ることなく明治をむかえた。居留する諸外国との折衝、関税、警備など、まったく断絶なくつづき、外国からの干渉がなかったのは、幕府直轄地のなかで長崎だけだったのである。

河津祐邦は、一八二一年（文政四）江戸小石川牛天神下広小路の拝領屋敷で、天守番を務める旗本河津八郎右衛門《はちろうえもん》の子として生まれた。祖父は支配勘定《しはいかんじょう》をつとめた河津三郎兵衛《さぶろべえ》であった。家禄は百俵。旗本としては小さい家である。歴代役所の中間管理職を務めるような家であった。しかし、家名は高い。

河津家は河津桜で有名な伊豆国賀茂郡河津庄が発祥の地である。先祖には曽我兄弟の仇討で有名な工藤祐経《すけつね》がおり、鎌倉御家人以来の名家であることにまちがいない。河津姓は、伊東、工藤、河津と別れ、日向飫肥《おび》藩伊東氏も一統につらなる。家禄が低くとも、河津氏は一目おかれる名家であった。河津家では、歴代三郎太郎を名のった。

祐邦も駿河守を受領するまで三郎太郎と称した。

祐邦が、現在も名前を知られる理由は、最後の長崎奉行であったことにかかわっている。夜逃げであるとか、卑怯、無能など面白おかしくつたえられてきたが、祐邦の真の姿は、家禄百俵の小身旗本でありながら、役高三千石の長崎奉行へのぼりつめ、危機一髪の長崎脱出劇を成功させ、さらには若年寄まで務め、幕府の終幕を見守った人物なのである。

本書では、祐邦の生涯について追うことになるが、徳川幕府最後の切り札が祐邦だったことがあきらかになるであろう。

祐邦のもちあわせた幸運は、幕末のすべてを見たといってもいいすぎでないほど、多くの事件や人物にかかわっていることである。それだけ主要な役職を歴任したともいえるが、人生のめぐりあわせとしか思えない運に導かれているのもたしかである。彼の人生を駆け足でめぐれば、つぎのようなものであった。

祐邦は、三十歳近くで家督を継ぎ、小普請組《こぶしん》に編入され、表火之番《おもてひのばん》、徒目付《かちめつけ》を経て、箱館奉行所支配調役《しはいしらべやく》に抜擢される。ここから、人生の飛躍がはじまった。

箱館奉行所では、五稜郭や弁天崎台場をつくり、功が認められ箱館奉行所支配組頭となり上級旗本である布衣《ほい》に列せられる。ついで、管理の手腕を買われ、清河八郎が創設した浪士組の後始末として新徴組《しんちょうぐみ》支配を命じられた。組織をつくりあげ江戸市中警備の任務をあたえられた新徴組は、やがて戊辰戦争の口火を切ることになる。

その後、外国奉行を命じられるとともに横浜鎖港交渉の使節団副使として欧州へ渡る。余談だが、往路エジプトのスフィンクス前で撮った記念写真が、スフィンクスの侍として後年有名になった使節団である。帰国後は、開国の意義を建議したために罷免され、逼塞《ひっそく》を命じられる。普通の人物ならば、ここでキャリアを終え隠居するのが普通だが、祐邦に隠居は許されず、幕府歩兵頭並《ほへいかしらなみ》という実戦部隊の指揮を命じられた。格落ちの職であったが、能力を発揮して務めあげた。

つぎに、タフさをも認められたのか、天狗党に荒らされた北関東の復興を期待され、最後の関東郡代を命じられた。ついで、機構改革により発足した関東在方掛《ざいがたかかり》に就任した。

さらに、浦上四番崩れ、イカロス号事件で解任された奉行のあとをうけ、最後の長崎奉行に任じられたのであった。赴任にあたっては、事件の解決だけでなく、幕府崩壊のときに、江戸より遠く離れた長崎から幕府派遣の侍たちとその家族を無事江戸に連れ帰るという密命を帯びていた。戦でいう退却戦の殿《しんがり》であった。

余話となるが、江戸帰還後は外国事務総裁、若年寄という閣僚級の役を務めあげて、明治にいたった。

祐邦の足跡を追うことは、幕末すべてのできごとを追うことになるであろう。

赤瀬　浩

もくじ

第一章

浦上四番崩れと長崎奉行

河津祐邦の長崎奉行任命

箱館五稜郭の建造、新徴組の編成、遣欧使節団の運営、そして関東在方掛の立ちあげと、河津祐邦ほど新規事業にかかわった幕臣は珍しい。職をきわめ出世していく官僚はあまたいるが、幕府機構を網羅するような職歴を有するものはすくない。幕末になると、すでに門閥主義ではなく実力のある者が上に立つ世のなかであったことをしめす一例である。

年齢的にも経歴でも関東在方掛が祐邦の最後の職務になるはずだったが、維新前夜の幕府には、祐邦を引退させる余裕などはなかった。むしろ最後の切り札として、もっとも困難で、もっとも危険の予想される仕事が待っていた。

一八六七年（慶応三）八月十五日。祐邦のもとへ老中から達しがあり、人事にかかわる奉書を下付された。奉書には「能勢大隅守、徳永石見守に代わって、長崎奉行を命ず」とあった。

長崎奉行は、老中直属の遠国奉行として、実入りもよく、また経歴として華やかな職であった。しかし、安政の開国、諸藩の台頭により、長崎はこれまでの安定した都市ではなく、政治的に複雑で、幕府の制御がもっとも弱い開港場へと変わっていた。

長崎では、二百年あまり守ってきた行政制度を近年大改革し、その実行が課題であった。座して容易に食をえた長崎の住民たちの意識改革、町年寄から漬物屋までが役人であった総地役人体制の再編、表に出た潜伏キリシタンの処分など、かぞえあげればきりがなかった。

前任の徳永、能勢両奉行は、浦上村潜伏キリシタン捕縛とその処置をめぐって、長崎在住の諸外国公使たちからごうごうたる非難をうけて国際問題となり、責任を問われて解任された。

これまでの長崎奉行は、市政は現地の町年寄《まちどしより》たちにまかせ、貿易の監視と幕府からの連絡調整をそつなくおこなえば、職をまっとうし懐を豊かにできた。徳永、能勢両奉行とも前例をもってそつなく対処できる優秀な官僚であったが、変化する状況のなかで、物事の本質をつかんだり、それがなにを意味するものか考えたりすることができなかった。

祐邦は、新たにおかれた関東在方掛の職にあって、関八州の秩序と幕府の安寧に力をつくすつもりであったが、「長崎奉行は河津しか考えられない」といわれれば、断る理由はなかった。

河津祐邦
（『幕末名家写真集 第１集』より）

赴任にあたり、老中から「政局多端のおりであるが、いざというときは筑前と肥前を頼れ」という言葉をもらい、長崎へむかった。長崎の町には、外国人の商人や船員、諸藩の侍、一獲千金を狙う町人、金のにおいにむらがる浪士などがあふれ、幕藩体制が崩れるきざしがみえた。これは、新規の事業ではなく、幕引きなのかもしれないと祐邦は思った。

祐邦が辞令をうけたのが八月十五日。この情報が長崎につたえられたのは九月になってからだった。情報伝達に時間がかかったのは、祐邦が京に寄ってすませなければならないことがあったからだ。

長崎改革については、幕府が早急に取りくまねばならない課題だったので、京都所司代監督のもとに、大急ぎで改革案がたてられた。案自体は、作成ずみで、すでに前任の長崎奉行能勢大隅守につたえられていた。しかし、改革案はいろいろな障害のためにはかどるようすがなかった。そこで、河津が改革の当事者として選ばれ、奉行を命じられたのであった。

改革案の趣旨と具体的な実行について京都所司代より直接指示をあおぐために、京へ寄り道をしたわけである。

長崎の改革

河津祐邦は、十月十一日長崎へ入港後ただちに岩原目付屋敷にはいった。奉行所の立山役所には能勢が、西役所には徳永が在勤しており、立山役所に隣接する目付屋敷が祐邦の当分の宿舎となった。

十月十四日から十六日にかけて引き継ぎをおこない、祐邦は正式な長崎奉行となった。しかし、皮肉にも十月十四日は、京において十五代将軍徳川慶喜が朝廷に大政奉還したまさにその日であった。形式上とはいえ、幕府は消滅し、徳川家の家来としての身分を残し、祐邦の長崎奉行としての権威は消え去っていたのであった。

祐邦が取りくまねばならない長崎改革とは、①長崎会所を廃止し金蔵とする ②産物会所所有の金品と長崎会所の施設を御勘定所に引き渡す ③地役人組織を改革するなど、独立採算であった長崎の会計を幕府会計へと組みこむことと、役人の余剰を整理し、人員を兵卒にふりむけるという内容であった。

大政奉還によって全国の統治権はうしなったが、旧天領は徳川家の私領として残ったため、長崎は徳川家の港として、改革をいっそう加速させなければならなかった。

祐邦は、京都所司代の改革案、前任者からの引き継ぎをあわせて、長崎奉行として取りくまなければならない課題を整理した。

長崎奉行は、行政官であり、裁判官であり、商務官であり外交官であった。さらに警察本部長、防衛司令官を兼ね、触頭《ふれがしら》として西国諸大名を束ねる権限ももっていた。このうち、九州諸大名についての命令権は管掌外となり、外交官としての仕事は、長崎に限定されたものとなった。

諸藩の藩士が長崎にあつまり、自藩のために活動していたが、長崎の町をどうするという意見もなく、中央での争いがおよばない空白地となっていた。そのなかに飛びこんできた祐邦は、幕府の切り札としてその手腕が注目されていた。

祐邦は、長崎が外交の第一線にあることを認識した。諸外国の公館、公使たちと積極的に交わり、共通する問題を解決していく姿勢をもって業務にあたった。公使たちの要求は、浦上の潜伏キリシタン問題の解決であった。

幕府なきあとに、キリシタン信徒たちを厳罰に処すことは現実的でなく、法令を守らせながら、信徒たちを救う方法はないのか、祐邦は考えた。

浦上村の異宗徒

河津祐邦は、浦上異宗徒問題が長崎奉行としてまっさきに取りくまなければならない問題だと思っていた。外国奉行を務め、欧州に派遣された祐邦にとって、キリスト教は世界宗教であり、なんら過激思想の裏付けになるものでないことを自分の目で確かめてきた。フランスのルーアン大聖堂で礼拝する人々を見学した経験さえあった。

浦上村には、密かにキリシタンの教えを守る人々がいるという事実は、長崎の者にとって公然とした秘密であり、歴代奉行も知らないはずはなかった。ただ、知らないふりをしていただけだった。

この事件は、公然の秘密をあきらかにしたという浦上村の人々の覚悟と行動が、もはや奉行所のコントロールを超えて、信仰の発覚につながったものなのである。

祐邦は、この問題は長崎奉行の手を離れ、国際問題として世界が注視していることを知っていた。奉行所の役人にまかせるだけでなく、奉行が解決にむけて動かなければならない大きな事件であると思った。

祐邦は、家来へ浦上村の宗教的指導者仙右衛門を密かに立山役所の書院へ連れてくるよう命じた。

浦上四番崩れの発端

浦上四番崩れのここまでの経緯については、時間をさかのぼってみなければならない。長崎代官の「御用留」には、浦上四番崩れについて、つぎのよう記録されている。

事件のきっかけは、ささいなことであった。浦上村本原郷の百姓に、潜伏キリシタンの三八という者がいた。三八は、かねてから馬込郷聖徳寺《しょうとくじ》から葬式の引導をうけることをこころよく思っていなかった。最近は大浦につくられた天主堂を密かに訪ねたり、夜間、村の秘密教会でフランス人神父の説教を聞いたりするにつけ、その思いが強くなっていった。

村の年寄は、表のしきたりとキリシタンのしきたりを使いわければいいというが、外国人が浦上村に馬で遠出してくるご時世に、誰に遠慮がいるものかと反発する気持ちがあった。

これまでは、正月に不本意ながら庄屋宅で絵踏みをし、葬式では聖徳寺の坊主から引導をわたされ、その都度、毒消しのような祈りをささげてすませてきた。「自分たちは悪いことをしているのではない、悪い神に祈っているのではない」という確信が深まるにつれ、がまんの限界に達していたところであった。そうしたときに、三八の母タカが病のため昇天した。

タカが死亡したことを聞いた浦上村山里の庄屋高谷官十郎は、しきたりどおり聖徳寺への埋葬手続きをおこなうよう書類を届けさせた。ところが、三八は足痛を理由に使いとして郷の小頭九十を庄屋宅におくり、「聖徳寺にはいっさい葬儀はたのまない。書類も出さない」と返答してきた。

予想外の返答に庄屋は三八と兄を呼びつけて事のしだいを確かめた。三八は、「ほかの宗派は死後のたすけになるとは思えないので、今後は自分たちの勝手に埋葬させてもらいたい。村役人の指示には従うが宗門のことには従えない」と答えた。

庄屋は、三八の返答に驚いた。三八がキリシタンを信仰していることに驚いたのではなく、それを隠さない態度をとったことに驚いたのである。村人の大半がキリシタンであることを庄屋は知っていた。この二百年あまり、高谷家は代々キリシタン対策のために苦労してきた。潜伏している信仰については、触れないように、表に出そうになった信仰には釘をさすというくりかえしで今日までやってきた。

葬式ではだまって聖徳寺の引導をうけ戒名をもらうこと。墓は異形ではなく仏式の石塔にすること。年忌や墓参などの行事に努めること。このことを守りさえすれば、少々のことには目をつぶってきた。このしきたりについては、なにより村人自身がよく知っているはずだった。

しかしながら、三八は、「これからは勝手埋葬させてもらう」という。檀家制度の否定であった。

檀家制度と勝手埋葬

檀家制度は、寺請制《てらうけせい》ともいい、幕藩体制の根本をなす。住民は必ずどこかの寺の檀家にならなければならず、寺はその住民の身分保障をする。檀家と寺のつながりは、年一回の絵踏みで確かめられる。庄屋宅にあつめられ、村民すべてが一日かけて踏絵を踏ませられる。その際、各人から名前の下に印形をとり、後日、寺に寺名と寺印をもらいにいき、踏絵帳を作成する。踏絵と檀家制度は連動しているのである。

また、葬式では戒名と引導。さらに、年忌と墓参は欠かさないなど、行事と結びつけたしがらみで、寺による宗教管理がしくまれていた。

勝手埋葬というのは、幕藩体制に対する挑戦といっても大げさではない。庄屋の裁量でどうにかなる話ではなかった。このことを承知のうえで、三八は覚悟して宣言したのである。

三八が、庄屋に呼び出されたと聞いて、本原郷をはじめ里郷から家野郷まで、ぞくぞくと村人があつまってきた。三八の思いと自分たちの思いが同じということを、行動で主張していた。

庄屋が三八を詮議しているあいだ、三八を守ろうとする村民が、多人数で庄屋宅を取りかこんだ。

フランス寺

三八は、「先祖から、天主教のほかは死後のたすけにならないので、寺の経はうけない」という。

庄屋は、「いままでのように大人しく寺の引導をうければいいのではないか」とさとしたが、三八は聞く耳をもたなかった。

「聖徳寺の引導はこれまでもうわのそらでうけてきたが、外国人居留地にフランス寺ができ、どうやら先祖代々からの自分たちの教えと符合するとわかった」

さらに、「教義のことはいまだよく理解できないが、先祖が極楽というありがたいところへ行くことができ、自分たちも死後極楽へ生まれ変わることができると聞いたので、もう寺の引導はうけない」と宣言した。

庄屋は、「お上から罰せられることは覚悟しているのか」とおどしたが、三八は悪びれることなく「もとより、信仰さえ守られればこの身はどうなろうと覚悟のうえです」とこたえた。

庄屋は、代官所に三八の勝手埋葬の件を届け出た。

信者の捕縛

「御用留」の記録はつづく。

事件は一八六七年（慶応三）三月十四日に代官から奉行へ報告された。

〈浦上村山里本原郷百姓三八の母タカ病死いたし候を旦那寺聖徳寺へ無断で埋葬いたし候〉と記されている。勝手埋葬ではなく、不届け埋葬というあいまいな状況把握がされているのは、落としどころや抜け道を残していることにほかならない。

奉行所公事方掛《くじかたかかり》の安藤銀之助は、関係者を呼び、ことのてんまつを調査した。結果として、三八は確信をもって勝手埋葬をいいだしたという結論をえた。奉行所では、三八は貧窮のため寺への布施ができないことを恥じて、密かに埋葬したということにすれば、不注意ということでおさめられると考えていたが、三八は郷でも一、二の大百姓。貧窮の理由はあてはまらないこと、本人の強い意志をもった行動であることが動かしようのない事実であった。

浦上村庄屋屋敷跡（現カトリック浦上教会）（長崎文献社）

奉行所は、三八ひとりの行動ではなく、村全体の問題であると考え、関係者を代官所に呼び出し調べさせた。村の総代として出頭してきたのが仙右衛門であった。

安藤は時間をかけて利害を説得した。目的は、三八をたすけたいということなので、仙右衛門も納得し、理解したということにし、三八には村預という軽い処置でおさめた。代官所も奉行所も、問題の先送りをしたというところであろう。

ところが四月になり、里郷与四郎が娘を

旦那寺の引導をうけずに勝手に埋葬したことについて、庄屋が取り調べると、農作業のあいまに大浦天主堂で教えをうけてデウスを信仰するようになったので引導をうけずに勝手に埋葬したという供述があった。

さらに外国人神父による浦上村での布教活動が活発になると、堂々と勝手埋葬がおこなわれるようになり、もはや内々ですませることができないほど、浦上村山里の騒動はひろがっていったのである。

ついに、六月十三日夜間。安藤銀之助らは長崎奉行所の内偵をもとに、奉行所の役人らを動員し、異宗徒の一斉摘発をおこなった。村内で六十八人を召し捕り、礼拝所としていた場所から聖具などを没収し、先に村預となった者も長崎奉行所へ連行していった。

信者が連行された浦上地区では、聖具や祭服を取りもどすために、残った村人が庄屋宅に押しかけ、居あわせた捕吏たちを袋叩きにして追い払った。

捕吏たちの住む地域の住民たちは、痛めつけられた復讐として、手に得物をもって浦上村に押しかけた。まさに衝突しようというときに、騒ぎを察した代官みずからが馬で駆けつけ、村人たちをなだめた。

「御代官様は浦上贔屓《ひいき》じゃ」といわれるほど浦上村に気をつかってきた代官は、奉行所と村民の板挟みであった。

代官支配小島牢

捕縛された六十八人の村人は、とりあえず桜町牢屋敷に収監された。桜町牢には、すでに七十名前後の入牢者がおり、息もできないほどの混雑となった。

これまで牢屋に縁のなかった村人たちは、牢屋の掟や牢役人らの無理な要求にとまどった。浦上の村人と犯罪者との雑居拘禁には無理があった。

奉行所は、浦上村の村人たちが怒りにまかせ大挙して押しよせ、拘留された者たちを取り戻しにくることをおそれた。浦上で捕縛した者たちを、浦上村からもっとも離れた代官所管轄の小島《こしま》牢へと移した。

浦上信徒のなかには、小島牢への移送を代官の善意によるものだと解釈するむきもあった。もとより囚人の身柄をどうこうする権限は代官になく、日頃の代官の姿勢が「浦上贔屓」であったと信じていたために、村人がそう解釈したのであろう。

「異宗一件入牢之者名前」には、信者の摘発にあたって、浦上村山里だけでなく、渕、市中の東中町の者など老若男女八十三人が捕縛されたとある。そのうち、改築された小島牢一棟の二間三間の十五畳ほどの空間に六十五名、一間四方約二畳半の空間に女子九名、同じ広さの一室に男子四名、合計七十八名が収監された。

江戸小伝馬町の牢屋の大牢三十畳には百人以上収容されていたとされるが、本来は十人程度を想定していた小島牢へ、このように多数の収容者を拘禁することは、当時としても劣悪な環境だったといわざるをえない。

その後、信徒のなかには、小島牢収監中に拷問や脅迫、説得により棄教する者があいついだ。「異宗一件入牢之者名前」には、氏名の上に「十五、六打擲《ちょうちゃく》の上改心」「理解にて改心申立てる」などのただし書きがあって、拷問も辞さない厳しい詮議があったことが記録されている。

極暑の狭い牢舎で棄教をめぐる戦いが繰りひろげられていたいっぽう、幕府と各国外交官とのあいだで、この事件は国際問題となっていた。

浦上四番崩れによって信徒たちが小島牢へ収監されるまでの概要は以上のようなものであった。

信念の人高木仙右衛門

浦上キリシタンの精神的支柱となり、神性をおびた伝説を残した人物が仙右衛門である。明治になり先祖の高木を復姓して、高木仙右衛門と名乗った。一九四一年（昭和十六）子孫によって建立された頌徳碑の「高木仙右衛門碑文」には、事件について以下の記述がある。

〈慶応三年六月、長崎奉行徳永石見守吏ヲ遣ワシテ信徒ヲ捕縛セシム、翁モ男女六十余名ト縄ヲ打タレテ市南小島郷ノ牢屋ニ繋ガル、居ル事数ヶ月、信徒ハ連日ニ亘リテ説得、威嚇拷問ヲ加エラレ、終ニ屈シテ改心ヲ申シ出シモ、翁独リハ固ク初一念ヲ執守リテ微動ダモセザリキ〉

仙右衛門は善良で穏やかな人物であったが、フランス人神父の話を聞くにつれ、これまで思っていたことが固い信念となり、その姿は超然とした宗教人へと変貌していった。

どのような過酷な環境におかれても、厳しい拷問をうけても屈することがみじんもない仙右衛門に対しては、拷問を加えようとする役人もおらず、ならず者の牢名主からは、「仙右衛門の信仰は、忠義をつくす侍と同じ。もう改心しろとはいわない」とかえって尊敬される始末だった。

当時は、仙右衛門は浦上キリシタンの中心的な人物のひとりだったが、長い解放までの「旅」では、苦難を乗り越える精神的な柱となっていった。

一村預け

幕府がキリスト教の存在を認めず、絵踏みなどの予防措置にあけくれていたあいだに、「キリスト教とはどういう宗教か」「キリスト教の信仰はなぜだめなのか」という本質は忘れさられていた。学ぼうにも、関連した書物の所持や輸入を禁止されていたので忘れさられてしまったというのが真実だった。仙右衛門と宗教論争をして説きふせることができる人物は、奉行所にはいなかった。

浦上のキリシタンたちも長い潜伏期間中に自分たちの信仰がキリスト教ということを忘れてしまい、大浦にフランス寺とあだ名された天主堂ができてから、どうやら自分たちの教えはキリスト教のようだと合点し、がぜん信仰に熱がはいっていたのであった。それほど、二百五十年という時間は長かった。

捕縛された浦上キリシタンたちは、仙右衛門を残し、脅しや暴力で「改心」させられた。脅しに屈しない仙右衛門ひとりのために、牢屋、奉行所、代官所までふりまわされ、ついには奉行所側が根負けした。江戸時代のはじめのころだったら、磔《はりつけ》にかけられて刑場の露と消えるにちがいなかったが、善良な農民を磔にかけるなど、幕末の長崎奉行にはできなかったのである。

仙右衛門たちを捕縛させた奉行は、徳永石見守であった。当時江戸在府の長崎奉行能勢大隅守も長崎に滞在していたため、仙右衛門の裁きはふたりで合議した。その結果を直接申し渡すために、仙右衛門を奉行所西役所へ呼び出した。

西役所には、徳永と能勢両奉行が待っていた。

「そのほうが仙右衛門と申すか。改心せずに異宗を信仰するのであれば、代官高木作右衛門と庄屋高谷官十郎への預けとする。御用の取調べのときはいつであっても出頭せよ。髪を剃らずにつつしんでおれ」

処分は「預け」というものであった。一般的には「所払い、手鎖、預け、叱り」などが適用されるのは軽犯罪の場合である。異宗信仰という大罪に対する処分は江戸の老中にうかがいをたてなければならず、長崎奉行の権限では預けが限界であった。では、江戸の老中が仙右衛門に死罪を申し渡すことができるかといえば、当時の国際情勢ではまず不可能だった。諸外国が仙右衛門の処罰について関心をもっているなかでの死罪申し渡しは、国際問題になることが確実だったからである。

余談だが、「髪を剃らせない」というのは処分のひとつと解釈することができる。預けという処分は自宅などに謹慎させることである。謹慎中は、月代《さかやき》や髭を剃らず、爪を切らず、入浴も許可制。入牢と同じ状態でくらすということであり、その不快さが罰でもあった。預かった者は、この不潔な状態がキープされているかを確かめ、快適にくらさせないようにするのが務めだった。

浦上村では、改心（棄教）して帰ってきた者たちを家に入れなかったり、仲間はずしにしたりするなど厳しくあたっていた。改心した者は、家の軒下や山のなかで泣きながら夜露をしのぐような悲惨な境遇をおくっていたところに、教えを守った仙右衛門が凱旋したかのように帰ってきたのであった。結果的に、仙右衛門を在所「預け」にしたことは、奉行所の失敗であった。

仙右衛門は、「改心して帰った者も見捨てぬように」と村人に告げ、村人の態度も変わった。仙右衛門の言葉には、それだけの影響力があった。

改心して帰村した者たちは、仙右衛門に勇気をもらい、ことごとくキリシタンに立

長崎奉行所門（復元）（著者撮影）

ちかえった。

祐邦は浦上村全体をおおう人々のエネルギーを感じていた。殉教をおそれぬ宗教への渇望が西坂の丘を越えて、長崎市中までつたわってきた。もはや、抑えることは不可能であると思った。ただ、自棄になったり血気に走ったりして、命を無駄に捨てるようなことにならぬよう、奉行としての浦上の人々につたえたいことがあった。祐邦は、仙右衛門を呼んでくるよう命じた。

深夜の密談

十月二十二日深更。奉行所の役人三人が仙右衛門の家の戸をたたいた。出頭呼び出しの小者とは違い、きちんとした身なりの侍たちであった。「新御奉行様からのお呼び出しである。同行願いたい」と述べ、仙右衛門が支度するあいだも表でじっと待っていた。

仙右衛門は三人に護衛されるように長崎の町へはいった。夜間は閉じられている町々の木戸も、番人が待っていて開けてくれた。

二カ所ある長崎奉行所のうち、祐邦が宿舎としているのは立山役所である。事務の多くは西役所でおこなうが、重要な会議や裁きなどは立山役所をつかう。

祐邦は大広間の奥にある書院を居室につかっていた。取調べならばお白洲だが、仙右衛門は客人のように書院へ案内された。

会見のようすは、仙右衛門が後日口述した「仙右衛門覚書」に記録されている。口語になおせば、つぎのようであった。

祐邦はいう。

「人間がなにかを拝むのは心の問題だ。宗旨は、日本でもフランスでも、その土地の神や仏。日本にはたくさんの神や仏がある。どうだろう。許された宗旨を拝むというのは」

さらに、「心のなかは、誰にも見えない。信仰は心のなかの問題である」とくわえた。

仙右衛門は、小さい声だがはっきりとこたえた。

「天主はなにもないところから万物をおつくりになられました。まことに敬うべきは天主であります。神や仏というのはわれわれと同じ人間です。拝むことはかないません。これを拝んでも死後のたすけとはなりません。このために私は、天主だけを拝みます」

「御法度にそむくことは存じておろう」祐邦がいう。

「たとえ殺されても、神仏を拝むことはできません」と仙右衛門はこたえた。

祐邦は、「そなたを殺すために、ここへ呼んだのではない。生かしてやりたいからだ」と強くいった。

「キリシタン宗がよい宗旨というのはわしも存じておる。しかし、まだ将軍様から許しを得ておらぬ。許された宗旨を守っておれば、そのうちにキリシタンも許されるようになる。それまでは、心のうちだけで信じておればよいではないか」

高木仙右衛門
（浦上カトリック教会提供）

世界をその目で見た祐邦は、キリスト教の教理について結構なことだと思っていた。ただ、これまでのように密かに信仰すれば、奉行所も目をつぶることができるということを仙右衛門につたえたかった。

しかし、仙右衛門は祐邦の好意は感じながらもきっぱりといった。

「心のうちばかりで信じることはできません。自分の心を偽ることはできないのです」

予想していたことだが、仙右衛門から改心の言葉を聞くことは難しかった。時代の流れにあらがって、人々の心をコントロールする力はいまの幕府には残っていない。祐邦はそう思った。

「仙右衛門、今夜の話は私からの提案ととってほしい。よく考えて返事をするように」

祐邦は、「夜間ここまで御苦労であった」と金三分ばかりの包みを仙右衛門に手渡そうとした。仙右衛門はかたく辞退したが、祐邦は「ぜひ」と仙右衛門ににぎらせた。

仙右衛門は、来たときと同じように暗い道を帰っていった。彼の心のなかでおそれるものは神のみであり、奉行どころか将軍が説得しても応じることはないだろうと祐邦は思った。

仙右衛門と祐邦との会談から三カ月ほどで、祐邦は長崎から退去しなければならなくなった。祐邦が長崎奉行の地位にあったみじかいあいだ、浦上キリシタンたちは、実質的に咎《とが》めなくくらすことができた。

祐邦は禁教令を厳密に守らせることよりも、人道的な措置を重視していた。法を守らせるのは、政府の面子の問題である。大政奉還によって、もはや幕府は中央政府ではなくなっていた。権力の空白のなかで、浦上キリシタンの人々は、平和な日々をおくることができた。

いわゆる維新によって誕生した明治新政府は、文明開化、殖産興業、富国強兵などの目標をたてた。それまで唱えていたスローガン「攘夷」とは真逆の、完全な開国政策であった。しかし、宗教の自由はかたくなに認めず、キリスト教禁教政策を厳しくおしすすめた。

長崎に着任した長崎裁判所総督沢宣義と下僚井上馨は、信者のおもだった者を説得しようとしたが、応じる者はいなかった。そこで沢らは、見せしめに、中心的な人物の処刑を新政府に願った。諸外国の外交官の猛烈な抗議によって、死罪がくだされない代わりに、浦上村全村の信者が総流罪となった。
これが、浦上四番崩れの悲劇として語り継がれた「旅」であった。

第二章

箱館奉行所と五稜郭

小石川牛天神

一八二一年（文政四）七月三日。江戸小石川牛天神広小路の拝領屋敷で、旗本河津《かわづ》八郎右衛門《はちろうえもん》に男子が生まれた。のちの河津祐邦である。

小石川牛天神というのは、北野神社のことである。祭神は学問の神、菅原道真公。社伝によると一一八四年（元暦元）この地にあった牛に似た石に腰かけ、うたた寝した源頼朝の夢に、牛に乗った菅公があらわれ「よいことがある」と告げられた。やがて長男頼家が誕生し、その礼として牛天神を祭ったのがはじめとされている。

武家にとって縁起のよい場所である。付近は閑静な旗本屋敷がつづき、ひときわ大きい屋敷が水戸藩上屋敷であった。前には神田上水が流れ、それを利用した庭園が後楽園である。

八郎右衛門は天守番《てんしゅばん》を勤めていた。天守番とは不思議な役目である。江戸城にはかつて五重の天守閣がそびえていたが、明暦の大火で消失した。そのあとに加賀藩の普請で、巨大な花崗岩を使用した天守台がつくられたものの、天守閣は再建されないまま、天守台だけが残った。現在も、皇居東御苑で見ることができる。

天守閣のない基礎だけの天守台を守るためにおかれたのが天守番であった。しかも

江戸城天守台（皇居東御苑）

四十名もいた。百俵五人扶持《ふち》で、番頭《ばんがしら》になると四百石高となる。いずれも閑職である。

旗本は、蔵米五十俵から知行一万石未満。江戸中期には約五千二百人。河津家は家禄百俵。零細な旗本であった。三千石以上は寄合《よりあい》、以下は小普請《こぶしん》に配置され、役職につくと役料が足されるが、無役の場合は家禄のみで生活は苦しかった。旗本御家人の半数は無役無勤で、なんの仕事にもつかない者がいた。勝海舟の父小吉は、小普請組無役で生涯を終えている。

八郎兵衛の父、河津三郎兵衛は、支配勘定という勘定所の下僚を勤めた。河津家は無役ではなかったが、勘定や祐筆《ゆうひつ》あたりまでいくと出世といわれる程度の家であった。

河津家は、曽我兄弟の仇討にかかわった工藤祐経の末裔である。同族間の内紛だったが、仇討劇として後日講談で有名になった。河津家は曽我兄弟とも工藤祐経ともつながる鎌倉御家人以来の名家であった。河津桜、相撲の技の河津掛けなど、関連のある家系である。

祐邦が世に出るためには、父の八郎兵衛が隠居しなければならなかったので、そのときをむかえたのは、すでに三十歳近かった。一八五〇年（嘉永三）のことであった。

旗本小普請組

一八五〇年（嘉永三）九月。祐邦は家督相続と同時に小普請組に編入され、同十二月表《おもて》火之番《ひのばん》を命じられた。

表火之番とは城中の防火見廻りが仕事である。天保のころまでは、譜代席の御家人が勤めていた仕事であったが、一七九一年（寛政三）からは、番方をめざす小録の旗本が奉公修行を兼ねて勤める仕事となった。いわば、双六の振出しにあたる。

役高は七十俵。定員は三十名。具体的な仕事は夕方六時から翌朝五時まで宿直し、城内を巡回する不寝番である。これを務めあげれば火之番組頭という昇任ルートがあったが、とくに有能な者は、他の職へ抜擢されることもあった。

祐邦が、表火之番をどのように務めたか記録はないが、翌一八五一年（嘉永四）徒《かち》目付《めつけ》に抜擢された。徒目付とは、目付の下僚として、本丸御殿の取締、牢屋敷での調べ、闕所《けっしょ》品の没収、遠国での御用など職務内容が広かった。

祐邦は、目付堀利煕《ほりとしひろ》の下僚となった。堀は、祐邦より三歳年長であったが、家格の高い上級旗本の家に生まれ、小姓組徒頭、目付という順調な出世街道を歩く男であった。育ちのよさと頭のよさ、胆力を兼ね備え、祐邦の目標となった人物である。

利煕は、一八一八年（文政元）、旗本二千五百石の堀家に生まれた。父は大目付を務める堀利堅、母は大学頭林述斎の娘という名門で、兄が早逝したため家督を継いだ。老中阿部正弘から抜擢され、目付となり海防掛を担当した。

海防掛に就いて翌月にはペリーが来航。利煕は、幕府の諮問に海防掛として、アメリカとの国交は拒絶という意見を上申した。当時の世相を反映して利煕は攘夷が正しいことと考えた。もちろん、利煕の意見は取りあげられなかったが、阿部は利煕に大船製造掛、ついで嘉永七年（一八五四）には北蝦夷視察を命じた。

北蝦夷視察

北蝦夷視察で堀利熙は、開国し貿易をさかんにした富国強兵策の実現こそが第一であるという考えに変わった。阿部が変えさせたといってもいいであろう。

祐邦は、利熙に従って蝦夷地をまわった。さらに、北蝦夷地と呼ばれた樺太島の視察にも随行した。同行したのは祐邦のほかに、村垣範正、榎本武揚《たけあき》、武田斐《あや》三郎、島義勇《よしたけ》らがいた。利熙の考えが変わったように、一行の者すべてが、国防、とりわけ海防に関する危機感を共有した。

北蝦夷に関する情報は、天明のころに工藤平助が「赤蝦夷風説考」を著して以来、ロシアの南下に対する警告とあわせて関心をもたれてきた。佐藤玄六郎、最上徳内らが巡見し、現地のようすがあきらかになるとともに、ロシアとの接触も頻繁となった。また、千島列島をふくむ東蝦夷地についても近藤重蔵、最上徳内らが巡見をおこなった。

一八五四年（嘉永七）六月。堀利熙、村垣範正ひきいる視察団は宗谷海峡を渡り樺《から》太《ふと》に上陸した。一行は、真岡（現ロシア連邦サハリン州ホロムスク）まで踏破した。利熙は、村垣たちと別れ、さらに北緯五十度付近まで北上した。

祐邦は、巡見をとおして利煕と行動をともにした。利煕の薫陶をうけ、蝦夷地開発の志をもつようになった。また、利煕が、アイヌの人々の窮状を憂いて種痘をほどこすなど撫育に努める姿に心打たれるものがあった。

利煕の影響をうけた者は、祐邦だけではなかった。当時、釜次郎と名のっていた榎本武揚は、蝦夷地開拓を生涯の使命とし、戊辰戦争では箱館に独立した政府を樹立し、降伏後も生涯、蝦夷地やロシアとの関係に心をくばった。

祐邦と同僚の武田斐三郎も、利煕によって開花した人物であった。一八五六年（安政三）に利煕が設置した箱館諸術調所の教授に任命され、五稜郭を設計し、祐邦とともに建設にあたった。武田斐三郎はのちに洋式帆船で、アムール川河口のニコライエフスクまで航海測量におよんだ。

利煕は、祐邦の清廉さと積極性、なによりも実務能力を買っていた。箱館奉行に任命されたときに祐邦を箱館奉行所支配調役に抜擢した。祐邦の数奇な人生は、利煕によって導かれたといってもいいであろう。

蝦夷地

人との出会いが運命を変える。祐邦の場合、堀利熙との出会いが彼の将来を決定した。江戸での勤務ではなく、辺境でのフロンティアとしての前例のない仕事が、祐邦の資質を開花させることになる。平和時の幕閣エリートは江戸での勤務でつくられるが、乱世では辺境が精強な官僚をつくる。

祐邦が赴いた北方とは、北は樺太、千島列島から南は陸奥国にいたる広大な地域で、すでにロシアが接近しており、目前の脅威として国内の注目をあつめていた。その大部分を占めるのが蝦夷地であった。祐邦が青春をかけた蝦夷地とはどのような場所であったのか、余談を交え語らねばならない。北海道の歴史についての文献はすくないが「函館市史」にくわしい。

現在の北海道を、江戸時代には蝦夷地と呼んだ。「蝦夷」という言葉には未開で野蛮という悪意がこもっており、江戸を中心とする幕府から見れば異域であった。異域といえば、長崎も西方の異域であり、蝦夷地と長崎には、外国人たちが出入りする不浄の地というくくり方があった。

もともとの住民アイヌ人たちは、魚や植物など自然の恵みを採集する生活をおくってきた。移動が可能な簡易な住居、活動しやすい衣服、自然への崇拝など、本州に住む日本人とは大きく違ったくらしであった。彼らは狭い範囲に定住していたのではなく、獲物を追って移動し、遠くは沿海州まで出かけ、そこで清の商人と取引をおこなうなど、積極的な姿があった。アイヌの首長たちが着ている服は、そうやって手にいれた清の官服であった。

蝦夷地の住民としての日本人の歴史は浅く、かの地でアイヌの人々と交易するために、請負商人たちが奥地まで進出したのは江戸時代も後期になってからである。

松前《まつまえ》藩は、渡島《お》半島南端の松前に小さな陣屋を築いて広大な蝦夷地を支配していたが、海岸線の一部をのぞけば手つかずの大自然。もともと小藩ではもてあますようなスケールであった。そこで、蝦夷地をいくつかのブロックにわけて、和人の商人たちへ支配そのものを請け負わせた。請負商人から運上金をとり、あとは放置という無責任な支配だったのである。

請負商人たちは、アイヌの人権や商売のモラルなど眼中になかったために、過酷な支配となった。数をごまかしたり、ガラクタをつかませたり、暴力をふるったり、さらには伝染病をもちこんだりと、アイヌの人々にとってまさに災難としかいいようがなかった。

いっぽう、蝦夷地にもっとも接近する外国はロシア。ロシア人たちは、沿海州やカムチャツカ半島から蝦夷地まで南下した。彼らの南下は政策というより本能的なもので、動物の毛皮や魚を追って、蝦夷地沿岸へ頻繁にあらわれた。

ロシア人たちは、土地の物を根こそぎ奪ったり強引な支配を強制したりすることなく、寛容というより無頓着であったために、土地の人々と衝突せずに南下することができた。幕府としては、アイヌの人々がロシアになびかないか心配になった。

このような状況下、幕府は危機感をもって、蝦夷地を直轄地にしようと考えたのであった。

商人請負制

幕府が大名や旗本の私領を取りあげることを上知《あげち》という。もちろんただで取りあげるということはなく、同じ収穫高の村をあてがったり、金銭を支給したり、必ずみかえりがあった。

一八〇二年（享和二）七月。幕府は東蝦夷地（北海道の東海岸）を直轄地として上知し、松前藩には代償として年額金三千五百両を支給することにした。新たな直轄地を治めるために、箱館に蝦夷奉行所をおいた。蝦夷奉行は、遠国《おんごく》奉行のひとつとして長崎奉行のつぎに準ずる格式とされた。ついで蝦夷奉行を箱館奉行と改称した。

将軍は奉行に黒印状《こくいんじょう》をあたえ、蝦夷人を大切にすること、外国への渡海を禁じること、キリスト教の禁制を守らせることを命じた。もし外国船が来航して騒動になったら、津軽藩、南部藩に応援を依頼することが添えられた。

職制として、奉行の下に吟味役《ぎんみやく》、調役《しらべやく》、調役並《なみ》、調役下役《したやく》、同心、足軽をおいた。奉行は一年交代で箱館に勤務、四月に交替し、吟味役は三年在勤し六月中に交替、調役ないし調役下役は合計二十一名、七名は江戸在府、十四人は箱館在勤とした。

直轄地となった蝦夷地では、これまでかえりみられなかった辺境の場所や虐げられていたアイヌの人々に、わずかながら日があたるようになっていった。幕府の統治では、「撫育《ぶいく》」が目標であった。撫育とは、民に愛情をもって接し、収奪よりも人々の生活安定を第一とすることである。

これまで、商売も民生も藩が商人に請け負わせていたために悪政に苦しんでいた人々は、幕府直轄領になってくらしやすくなった。しかし、幕府が人まかせにせず直《じき》捌《さばき》するということは、それだけコストがかかるということであった。

蝦夷からの物産を江戸に廻送するとすれば、まず土地にくわしい商人たちに委託して買いあげ、物産を集積しなければならない。さらに、その物産を別の商人たちへ、入札で売却することになる。つまり、これまでの取り引きのなかに幕府の機関がむりやりはいりこむことになり、そのコストは蝦夷地経営にのしかかってきた。

本土の物産を蝦夷地に販売するときも同様だったので、負担に耐えかねた幕府は、もとの商人請負制にもどすこととし、商人たちの横暴を見逃さないように監視を強めていった。

松前氏の復領

幕府の統治下で商業もさかんになり、人口も増え、繁栄の礎《いしずえ》が固まってきた一八二一年（文政四）、蝦夷地を驚かすできごとがあった。松前氏の復領である。

もとはといえば、悪政によって懲罰的に蝦夷地を取りあげられた松前氏だったが、復領の思いが強く、長年幕閣にはたらきかけ、ついに復領に成功した。

しかも、城のあった松前付近だけでなく、蝦夷全島が松前氏の領地にもどされた。

松前氏は、陸奥国《むつのくに》伊達《だて》郡《ぐん》梁川《やながわ》にあてがわれた替地から、待望の蝦夷へ帰還した。

松前藩は、幕府直轄領での制度を引き継ぐかたちで復領し、領民にもその旨をつたえ、これまでどおり安心して生業にはげむようにとつげた。

ところが、松前氏は反省をいかし善政をおこなうかと思いきや、窮乏に耐えかね、復領によって活路をひらくことしか考えていなかった。無限の宝庫からあがる税によって藩を再

箱館付近の図

生しようとしたため、藩の役目はふたたび収奪ということになり、街道の橋が落ちても水路がふさがっても無関心で、しだいに以前のような悪政がはびこることとなった。

松前藩は窮乏から脱するため、増税だけでなく、有力商人たちに多額の御用金をおさめさせた。商人たちは、なんとか御用金を用立てようと、さらに請け負った地域から収奪をかさねていった。藩は、御用金が多額にのぼった商人をわずかな罪で取りつぶし、借金をなかったことにするなど、どうみても私利私欲で蝦夷地を統治したとしか思えない。有力町人の代表として有名な高田屋嘉兵衛の店もこうして取りつぶされ

た。未開の奥地だけでなく、松前、江差《えさし》、箱館の町は、藩の重税と無関心によって、幕府直轄時よりもさびれていた。

一八四九年（嘉永二）、北方警備強化のために、幕府は藩主松前崇広《まつまえたかひろ》に新たな築城を命じた。松前氏は松前の福山に小規模な城郭をもっていたが、対外的には陣屋と称し、規模も小さく構造も貧弱であった。翌三年に崇広は高崎藩の兵学者市川一学《いちがく》をまねき、設計を担当させた。一学は、福山ではなく箱館近辺に築城をすすめたが、藩は福山築城にこだわった。

北方警備に対する費用にあわせ、築城にかかる費用が藩財政を圧迫した。財源は、沖ノ口《おきのくち》出入り貨物の口銭《こうせん》、藩民の献金、場所請負商人からの上納金をあてにせざるをえず、民生を圧迫した。

とくに場所請負商人たちは、上納金を納めるために、負担をアイヌ人たちに転嫁したため、不正と酷使がひろがり怨嗟の声があがった。住民たちのあいだには、幕府直轄時代を懐かしみ、再直轄を願う声がひろがった。

やがて、住民たちの願いではなく、またも外圧によって、蝦夷地の幕府再直轄化が実現した。安政の神奈川条約による箱館開港である。

浦賀

一八五三年（嘉永六）、アメリカ合衆国水師提督マシュー・ペリーが、軍艦四隻をひきいて浦賀に来航。和親通商をもとめる国書を幕府に渡し、翌年の来航を宣言して出港した。翌一八五四年（安政元）、前年の国書の回答をもとめ、神奈川沖に再来航し、幕府と交渉した。その結果、日米和親条約が結ばれることになったが、この条約でにわかに箱館が注目されるようになった。

アメリカの要望は、日本沿岸での自国漂流者の保護、米国船への薪水補給のための開港、開港場での交易の三点であった。幕府は三点目の交易こそ拒否したものの、漂流者の保護、薪水の補給に関しては、五年間の猶予後に一港をさだめることにし、それまでは長崎で対応すると提案した。アメリカ側は長崎を開港するという幕府の提案に対しては、長崎が航路からはずれているという理由で断り、代わりに神奈川、琉球、松前の開港をもとめた。

幕府は、神奈川は混雑、琉球と松前は遠隔地でしかも私領という理由で断った。アメリカ側は納得せず、神奈川の代わりに下田、琉球はあきらめるが、松前の代わりに箱館を開港場として認めさせた。とくに、箱館についてはペリーみずから出向き、領主を説得する意向であることを幕府につたえた。

ペリーの箱館来航

松前藩では、ペリーの来航を、林大学頭《はやしだいがくのかみ》、海防掛勘定奉行から下達された。江戸藩邸から、ペリーの箱館来航は確実との情報を得て、あわてて準備にあたった。

一八五四年（安政元）四月十五日から二十一日にかけて、ペリーの座乗するポーハタン号以下、ミシシッピ号、マセドニアン号、バンダリア号、サザンプトン号計五隻が箱館港にはいった。

四月二十六日、ペリーは箱館に上陸し、応接所の山田屋寿兵衛宅へはいった。松前藩家老松前勘解由《かげゆ》が全権として対応にあたった。

松前藩としては、漂流民の保護、薪水の供給、短期間の滞在について異論はなかったが、アメリカ人たちの滞在中の遊歩区間については調整が必要ということで留保になった。神奈川条約では、長崎のオランダ人や唐人たちのように閉じこめられることがないようにと、七里四方（下田港の場合）を遊歩場に開放するよう約束があった。

ペリーは来航目的の箱館港視察を果たしたため、些細な食い違いにこだわることな

箱館でのペリー
(『幕末・明治・大正回顧八十年史』より)

く、五月八日箱館を抜錨した。

ペリーの来航やロシア船の接近など多難の蝦夷地を視察した目付堀利熙、勘定吟味役村垣範正の意見書が取りあげられ、安政元年六月二十六日、幕府は松前藩に対して箱館と付近五里四方を上知した。六月三十日には、竹内保《やす》徳《のり》を箱館奉行に補し、下野守《しもつけのかみ》に任じた。さらに、翌一八五五年(安政二)には、蝦夷地の大部分にあたる木古内《きこない》と乙部《おとべ》以北を上知した。

松前藩の領地は、渡島半島南西部の一画に縮小された。代償として、陸奥国梁川など三万石、預地一万石、年支給金一万八千両をあたえられ、一万石から三万石へと格式があがった。藩主は福山にとどまり、代官を派遣して飛地を治めさせた。前回の懲罰的な上知と違い、松前藩にとっても悪い話ではなかった。

その後、箱館奉行は増員され、堀利熙、村垣範正が任じられ、両名が外国奉行を兼務したため、新たに目付津田近江守が奉行に任命された。

箱館奉行支配の属吏は前直轄化時に倣《なら》い、組頭、組頭勤方《つとめかた》、調役、調役並、調役下役元締《したやくもとじめ》、調役下役、同心組頭、同心、足軽などをおいた。

堀利熙

祐邦は、堀利熙に従って、三年余を蝦夷地視察に費やした。祐邦が見た蝦夷地は、まさに無限の宝庫というべき可能性のある大地。そこに少数のアイヌの人々がくらし、さらに少数の和人の商人たちが、アイヌ人たちをつかって商売をしている風景だった。

アイヌの人々は、自然に逆らわず大地の恵みをいかした穏やかなくらしを営んでおり、余るのではなく、足るを知る無駄のないくらしであった。

和人の商人たちは、安価でアイヌ人をつかい漁獲させることで、サケやマス、ニシンなどの魚、昆布やアワビなどの磯物を手にいれ高値で売るという商売をしており、アイヌ人たちの生活に、過剰な収穫と物欲をもちこんだ。

自分たちを人間として見ない請負商人たちに立ちむかったアイヌの人々の蜂起についてつぶさに調査した結果、祐邦は、すさんでいくアイヌ人の心をつなぎとめないかぎり、蝦夷地はロシアの進出に対抗できないという結論をえた。

松前藩の支配は支配の体をなしておらず、アイヌ人たちの奴隷労働を黙殺し、搾れるだけ搾りとるという中国古代の悪政を見るようなありさまであった。正義を実現し、民をいつくしむという信念をもって、蝦夷地をなんとかしなければならないという思いが祐邦には強かった。

祐邦の蝦夷地に対する考えは、堀利熙の影響が大きい。利熙は、蝦夷地に幕府の旗本、御家人の二三男や諸藩の侍たちを入植させ、同時に兵制を整えた屯田《とんでん》制度を敷きたいと考えていた。祐邦も共感し、北の大地で鍛錬された武士たちが、未開の地を開発するという夢をもっていた。この夢は、明治維新後新政府へ引き継がれ、屯田制度として実現していくことになる。

祐邦は利熙に従い、箱館奉行所の支配調役となった。調役は現地に赴いて直接仕事をする現場責任者であり、祐邦は同役をたばねる役目をまかされた。今日の根室や網《あ》走《ばしり》、国後島《くなしり》などに足軽や小者などをひきいて駐在する者、各地をまわり、奥地まで踏みわけて視察する巡回の役目など箱館奉行の目と耳になるのが調役の務めであった。

祐邦はみずから蝦夷や千島をまわり、アイヌの人々の家々を訪ねながら、請負商人たちと語り、これまでの悪政をただそうと努力した。商品のかぞえ方や代価の適正化など、ごまかしのない商取引を商人とアイヌ人たちに定着させることを目標とし、その実現が、祐邦をさらに押しあげることになった。

箱館奉行所支配組頭

一八五四年（安政元）十二月。祐邦は、箱館奉行所支配組頭という、奉行につぐ上席に抜擢された。しかも箱館から室蘭《むろらん》、十勝、根室にいたる東蝦夷地を、松前藩から幕府の直轄地として引き継ぐという大任を命じられたのであった。

東蝦夷地というのは、箱館から室蘭、襟裳《えりも》岬を越えて釧路、根室、さらに千島列島の択捉《えとろふ》島あたりまですべてをふくんでいた。場所を請け負っていた商人とごく少数の松前藩の小役人が、拠点として、冬季は無人となる番屋のような小さい建物を数棟と、

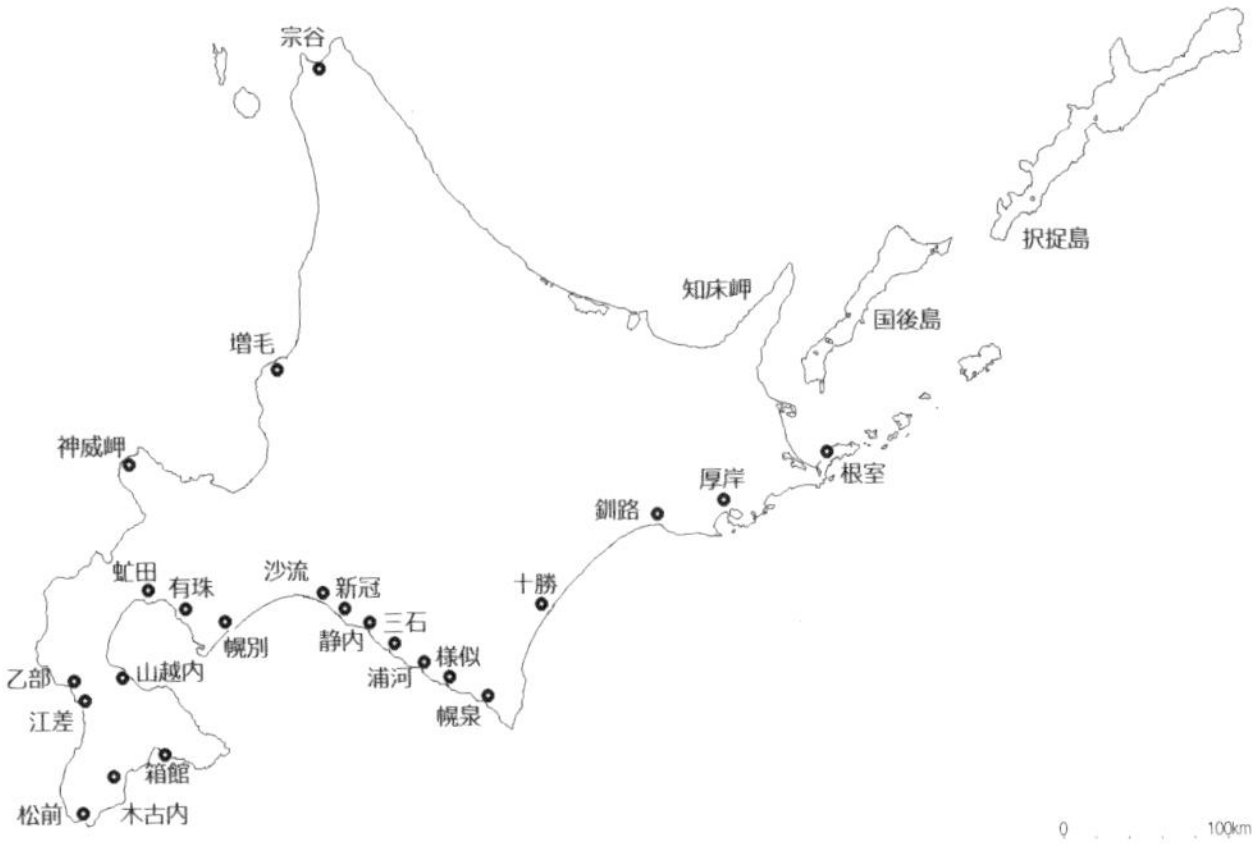

蝦夷地の陣屋配置図

何棟かの倉庫をあわせて建てていた。その拠点が山越内《やまこしない》、虻田《あぶた》、有珠《うす》、幌別《ほろべつ》、沙流《さる》、新《にい》冠《かっぷ》、静内《しずない》、三石《みついし》、浦河《うらかわ》、様似《さまに》、幌泉《ほろいずみ》、十勝、釧路、厚岸《あっけし》、根室、国後、択捉であった。各地区の担当を入札できめ、交易から民生までいっさいが商人たちの請負となるために、商人はおのずと稼ぐことが目標とならざるをえなかった。

祐邦は、下僚をともなって場所ごとに松前藩士から引き継ぎをうけた。現地の人々はこぞって喜んだが、請負商人たちの思いは複雑であった。綿密な視察で現地を知りつくしていた祐邦に取りいる術がなかったからである。

その後幕府は、前回の直轄時代の反省をい

かし、警備と開拓を推進するために、仙台、会津、秋田、庄内、南部、津軽の六藩に松前藩から受領した蝦夷地を分与した。

祐邦は、松前藩から諸藩への引き継ぎをおこなうことになった。秋田藩の記録『箱館御用后例要録』にその苦労が記録されている。

秋田藩は神威《かむい》岬より知床岬、北蝦夷地とその他の島々を持ち場とし、元陣屋を増毛《ましけ》に、出張陣屋を宗谷、白主《しらぬし》、久春古丹《くしゅこたん》（樺太）におき、冬季は増毛で越冬する体制をさだめた。一藩で三千人の兵力を動員しなければならなかった。

祐邦の役目は、松前藩時代の統治とあわせ、北方警備の充実とアイヌ人の撫育を重視するよう各藩につたえることであった。南部藩では、藩の財政が苦しい事情を祐邦につたえ、祐邦は重点的に人員を配置、越冬の体制を見直しという指示を出し、現実的な布陣となるよう親身に助言した。

祐邦の同役として北蝦夷をまかされていた向山源太郎が、職務中に病に倒れるという不幸がおこると、祐邦は向山の職務をカバーし、後任の力石勝之助に引き継ぐまで、実質的な蝦夷地支配をひとりでおこなった。

西蝦夷から帰任した夜、南部藩の小野寺伝八が宿舎へ訪ねてきた。ご機嫌うかがいとして、肴代を包んで持参していた。蝦夷地の小野寺の仕事は、奉行所役人の動静や冠婚葬祭、時候のあいさつなどのたびに、肴代、鯣《するめ》代などと称して現金をつけ届けることであった。

「これはなにか。勤務で帰任したまでのこと。お気遣いは御無用に願いたい」

「河津様にうけとっていただかねば、拙者が困ります」と小野寺はいったが、祐邦はうけとらない。包みのなかの金は、秋田の領民たちの年貢であり、本来ならば、駐在する秋田兵の薪や食料になるはずの金であるのがわかっていた。

「私にかぎってはお気遣い御無用。金に不自由はしておらんのでな」と膳の用意をさせ、小野寺を酔わせて帰した。その後、秋田藩で、祐邦は「特別のお方」と呼ばれ、金銭をもって動かすことのできない人のたとえとされた。

武田斐三郎

蝦夷地の引き渡しを終えた祐邦のつぎなる役目は、箱館防備のための台場と役所の建設であった。

箱館は、本土と二キロメートルほどの砂州でつながった半島先端の斜面に開けた町である。眺望のよさとひきかえに、町も三方から丸見えであった。しかも、外国人遊歩が許された箱館山に登れば、町の背後も隠しようがなかった。半島をつなぐ砂州の幅は数百メートルしかなく、ここを軍艦で封鎖されたら箱館の町は孤立してしまう。さらには箱館の町そのものも、軍艦の射程にすっぽりおさまってしまう。箱館の町と奉行所は、防衛上の欠陥をかかえた環境だったのである。

祐邦たちの調査で、半島のつけ根のさらに奥まったところに亀田村があり、そこは、奥行きもあって奉行所に適した場所であることがわかった。港外からの艦砲の射程外であり、後背地との連絡もいい。

武田斐三郎
（『函館市功労者小伝』より）

幕閣の承認をえて、祐邦たちの想定した場所に奉行所が移されることになった。奉行所移転にともなう役宅の建設を先にすることになり、役宅の見とおしがたってから、奉行所の建設に取りかかることとした。

祐邦の同僚に、武田斐三郎という男がいた。祐邦も一目おく知恵者であった。長崎で蘭学を

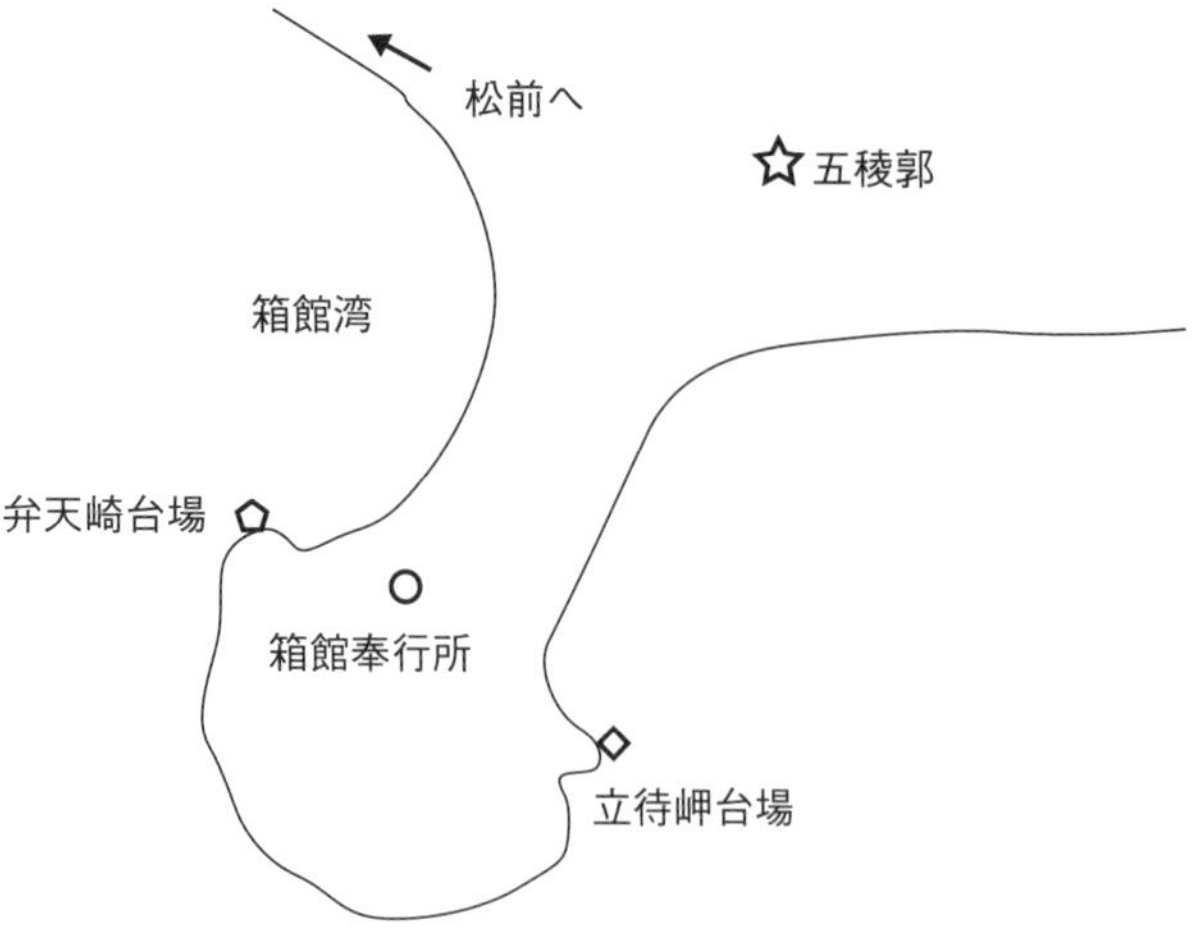

箱館湾周辺と五稜郭

学び、ペリーの来箱時は通訳を務めるほど外国語にも堪能であった。その斐三郎が祐邦に相談事があるとして、ある夜、祐邦の宿舎を訪れた。

斐三郎は、蘭書と墨で引いた設計図を持参していた。

「河津様のお力で、ぜひ城をつくらせていただきたい」

「城とはなんのことか」

斐三郎は設計図をひろげた。雪形のような見たこともない縄張りがあった。

「これは城か」

「オランダの城でございます」

斐三郎は、垂直型の日本の城郭では大砲の攻撃に耐えられない、水平で縦深のある城こそいまの戦に耐えられるのだと力説する。五つの鋭角な陣地が相互に補完することで、死角を極力なくし、設計理論上では文句のつけようのない構造であった。

「しかも、石垣は積みません。土塁でじゅうぶんなのです」と斐三郎はいった。

予算が限られていてもじゅうぶん建設が可能だという斐三郎の考えは、祐邦の心を動かした。祐邦は箱館奉行堀と村垣に、斐三郎の考えをつたえることにした。

「西洋の城をつくる」という昂揚感が、奉行だけでなく幕閣を動かし、斐三郎の提案が実現されることになった。開国以前であれば、このような提案は却下されるか、もしくは長い協議が必要であったろうが、開国後の幕府の中枢には、新しいアイディアを実現させようという官僚が出現していた。箱館奉行の堀、村垣、そして祐邦が、その代表的な官僚であり、偶然ではあったが箱館にあつめられた。そのかたちとして、奉行所をおくための城ができた。これが五稜郭である。

現在の五稜郭を見ると、なんのためにこのような物をつくったのか不思議に思えるが、当時としては、最新の城をつくろうとする者たちそれぞれの気概があったのである。ただし、国が貧しく国土が狭い日本では、西洋のような城郭都市の建設はかなわず、箱庭模型のような城郭をつくるのが精いっぱいだった。

五稜郭とは、男たちの夢の跡なのである。

五稜郭

五稜郭の設計思想は西洋の城郭だったが、実際の運用は従来の日本の城と同じ。郭内へは箱館奉行所をおき、奉行以下の役宅は廓外にあった。いざというときは、郭内にこもり一戦をまじえるという想定であるが、郭内へ籠るのは最後の一戦、枕を並べて討ち死にするときという、日本的なものになっていった。後日の箱館戦争で証明されたとおりである。

五稜郭は、稜堡《りょうほ》と呼ばれる五つの突角をもつ星型の五角形。斐三郎は、この五角形の周囲と水堀を土塁でかこみ、馬出《うまだし》にあたる半月堡《はんげつほ》と呼ばれる堡塁をもうけ、さらに外側を堀でかこむという設計をした。斐三郎がモデルにしたのは、十六世紀から十七世紀にヨーロッパで発達した城塞都市の縄張りであった。しかしながら都市を囲む城塞ではなく、西洋式の土塁としたところに、斐三郎の苦心があった。

工事に費やせる予算はおよそ十万両。物価高騰著しい幕末では、軍艦一艘購入できるかどうかという金額。そこで規模を縮小せざるをえず、土塁としたのである。

五稜郭

半月堡は、当初五つであったものを箱館港方面にむいた一堡のみを築き、その代わりとして、水堀を土ではなく石垣でかこった。近くの亀田川から導水し、堀を満たすことにした。

五稜郭の築造は、一八五七年（安政四）に着工した。堀などの土木工事は越後の松川弁之助、石垣は備前の喜三郎、建物建築は江戸の中川伝蔵が請け負って工事がすすめられた。工事が竣工したのが一八六四年（元治元）。同年六月には、箱館奉行所が郭内に移転した。七年にわたる大工事であった。郭内は奉行所の他二十五棟ほどの付属棟が建ち、幕末蝦夷地の政治的中心地となった。なお、すべての付帯工事が完結したのは一八六六年（慶応二）。維新前夜であった。

弁天崎台場

祐邦は、箱館湾内の敵を挟撃するため、新たに台場の建設に着手した。箱館半島両側の立待岬《たちまち》台場と弁天崎台場を重点的に整備し、対岸に新たに台場をつくり、箱館湾に敵艦を侵入させないようにという指示であった。

立待岬は津軽海峡に面し、海峡を通過する外国船、箱館湾内に侵入しようとする敵船を監視し、一撃をあたえる役目をもっている要衝である。台場については、江戸時代初期より、長崎港を要塞化してきた経験から培った日本独自の設計があった。しかし、大砲の射程がのび、さらに蒸気機関による動力の革命が、日本の台場を古いものとした。

海に突き出した台場は、射程をできるだけのばすためだったが、敵艦からの砲撃に身をさらすことになる。後日、下関での四カ国連合艦隊の砲撃で長州砲台が瞬殺されたのは、日本の台場技術の敗北だった。

祐邦は、限られた予算のなかで効果を発揮させるために、立待岬台場は補強にとど

立待岬

め、箱館湾に臨む弁天崎台場の建設にすべてを注力しようと考えた。

かつて弁天崎台場のあった場所は、現在では陸地化し地名に名前だけをとどめているが、箱館湾を俯瞰する立地のよさは変わらない。祐邦はここに築島をつくり、前方にある海すべてを視界にいれた三百度の広角を擁する台場を建設することにした。

台場の設計では円形や方形が多いなか、祐邦は、変形の五角形を採用した。五辺の内一辺を陸とつなぎ、四辺を海にむけた。こうすると、大砲は直線に四列配置することができる。むかしの大砲は、仰角を変えることによって飛距離を変えることができるが、方向を転換するのは砲そのものを移

箱館奉行所（復元）

動させなければ不可能だったので、固定された台場では一方向しか砲撃できなかった。五角形を採用することで、箱館湾の入口から湾奥の砂州まですべてが砲撃可能となった。

弁天崎台場は、五稜郭に一年先行して一八五六年（安政三）築造が開始された。規模は五稜郭の六分の一程度であったが、予算規模は十万両。五稜郭と同額だった。竣工は五稜郭と同じ一八六四年（元治元）。主砲はロシアから贈られた二十四門の二十四斤カノン砲を主とした、計四十四門の大砲を据えた。

強固な台場であったが、外国船との戦いではなく箱館戦争の激戦地として奮戦したのが、唯一の戦歴となった。

今日残っている古写真や古地図、設計図を見ると、弁天崎台場が箱館湾内ににらみをきかせ、内陸には五稜郭がひかえる箱館港は、完全防備の港であったことがわかる。五稜郭、弁天崎台場は、戊辰戦争最後の戦いとなった箱館戦争では、要害に籠った旧幕軍と最新兵備の政府軍が激戦を繰りひろげた地として歴史に記されている。

布衣《ほい》の誉れ

祐邦の蝦夷地勤務は一八六三年（文久三）まで、足かけ十年の長きにおよんだ。堀の供として足を踏みいれた蝦夷地であったが、幕府の再直轄化、諸藩への分知などの仕事の多くは、祐邦の功績とされてもよい。箱館奉行の手足として動き、やがては頭脳として皆を動かした箱館奉行所時代の祐邦については、再評価が必要であろう。

堀利熙は、祐邦の働きに報いるために幕閣へはたらきかけた。

祐邦は、一八五五年（安政二）正月二十八日、江戸城躑躅間《つつじのま》にて将軍家定の御目見《おめみえ》を得た。歴史の教科書では、幕臣で御目見できるのが旗本、できないのが御家人という分類が書いてある。身分的には確かにくることができるが、旗本ならいつでも御目見できるのかといえばそうではなく、中級以下の旗本は、よほどの機会をえないと相続以外の御目見はかなわない。

利熙の後押しがあり、祐邦は、箱館奉行所支配勘定就任と同時に御目見を得て、将軍公認の直臣と認められた。これは祐邦の将来を後押しするもので、地方勤務の一幕臣として終わらせるのではなく、幕府の要職への扉をひらくことになるのである。

一八五八年（安政五）二月二十七日。祐邦は布衣を許され、家禄として本高百俵をくだされた。布衣とは、字のごとく衣装のことである。別名を狩衣《かりぎぬ》といい、古くは庶民の衣装だったものが、身分の高い者の軽装となり、江戸時代の武家の階級のひとつをあらわす名称になった。

幕府は、将軍が天皇から「征夷大将軍」という官位を下賜され、その権威をもって政権を維持していた。つまり、幕府の上位に天皇があり、天皇の下の序列によって、武家では将軍が最高位となるよう、諸大名、旗本などに官位が下賜されていた。

官位とは、官職と位階のあわさったもので、たとえば位階は従五位の下、役職は伊豆守というふうにあらわす。一般の大名や上級旗本は従五位の下諸大夫《しょだいぶ》が一般的で、国持大名になると従四位下侍従などへ上がっていく。侍身分である武家は、従五位の下から諸大夫と呼ばれ大名待遇になる。説明がすぎたが、布衣とはその前段階、官位の六位相当となり、いわば幹部となるのである。

祐邦は、周りの人々の祝いの言葉にていねいに応対したが、内心では布衣を許されたことを喜んでばかりいられないと気を引きしめた。それは、箱館奉行所の職務から新たな職務へのステージアップの予告であり、より困難な職にちがいないと思ったからである。

第三章

新徴組と新撰組

新徴組支配

一八六三年（文久三）四月。河津祐邦は、江戸へ帰任するよう命じられた。新たな職務が待っているはずであったが、赴任先の内示はない。時節柄困難がともなう仕事だと思われる。蒸気船で江戸へ帰った祐邦がその足で帰任報告をすると、「沙汰があるまで自宅でゆっくり待機せよ」とねぎらわれた。しばらくして呼び出されると、「新徴組支配《しんちょうぐみ》」という新たな職を命じられた。祐邦にとってはじめて聞く役職だったが、やはり新規におかれた困難な仕事であった。

新徴組という組織をまかせられた祐邦は、この組織の成り立ちについて、旧知の幕臣に尋ねた。いきさつはこうである。

清川八郎という男が策をめぐらして幕府を動かし、立身出世をめざす浪士たちをあつめて、浪士組という組織をつくらせた。浪士組は暴走し、それに携わった幕臣たちは、責任を問われことごとく免職されたという。古武士のような高橋泥舟や山岡鉄太郎さえ例外ではなかったらしい。

浪士組は解体され、その結果、新たに新徴組が生まれた。その支配を祐邦が命ぜられたというわけである。新徴組とは幕府崩壊前夜にあらわれた化け物であった。

徳川幕府の権力は、武力によって裏付けされた軍事政権であった。しかし、家康は戦のない泰平の世を実現するために、百姓の刀、槍、鉄砲の所持を制限したり、武士にあっても、鉄砲や大砲ではなく刀槍の武芸を奨励したりした。その結果、十七世紀初頭には世界最強の武装を誇っていた日本は、三十年もたたないうちに、最小限の軽武装しかもたない国家となった。

武士は戦士としての性質を失い、役人や読書階級として二百数十年をすごしてきた。旗本は殿様、御家人は旦那様と呼ばれ、生涯に一度も刀を抜かない武士が大半となった。徳川武士団が旗本八万騎と称されたのも完全に過去の話となり、自力では不逞浪士の取り締まりさえできないほど弱体化していたのであった。

身分制度がはっきりしていた江戸時代、庶民が身分の上昇を図るためにはふたつの手段があった。ひとつは学問をきわめ、学者として名をなし立身すること。もうひとつは武芸をきわめ、下級武士に取りたてられることであった。

学者になるのは、飛びぬけた頭のよさと研究をささえる財力、人の運などきわめて限られた者だけに開かれていた道であった。いっぽう武芸は、頑強な体力と気力さえあれば誰でも一定の上達がみられるため、幕末の庶民は撃剣の道場にかよい、田舎では出張稽古にはげむ者が多かった。武士は弱くなり、庶民が強くなるという逆転がおこった。
新徴組の発端は、幕臣だけでは将軍の警護がおぼつかないので、腕の立つ庶民を取りたてた浪士組という新規の組織をつくったことにあった。

清河八郎

出羽庄内に清川八郎という男がいた。八郎は逸話の多い人物で、明治にまとめられた「清川八郎履歴」にそって話をすすめたい。

清川八郎
（山路愛山編『清河八郎遺著』民友社刊 1913 より）

郷士身分の斎藤家に生まれた八郎は、郷里の清川村関所役人、畑田安右衛門に学問の手ほどきをうけた。斎藤家は出羽でもっとも富裕な造り酒屋を営んでおり、全国的な名士の滞在が多かった。八郎は、幼いときから藤本鉄石らと交友をもつような環境に育った。通称の清川、のちの清河は、清川村と大河最上川をあわせた名であった。

江戸に出た八郎は東条一堂の塾へ入門、さらに当世一流の学者安積艮斎《あさかごんさい》に師事し、昌平坂学問所に入学した。また学問だけでなく、北辰一刀流玄武館で剣の道をきわめ、免許皆伝をうけて、文武両道に秀でた人物という評価を得た。江戸神田三河町にひらいた清河塾は、八郎のマルチな才能をいかし、学問も剣術も学べると評判になった。

その後、八郎は全国を漫遊し、各地で志士と交わり、尊王攘夷の思いを強くしていった。また、一八六〇年（万延元）、桜田門外での大老井伊直弼《いいなおすけ》暗殺事件を契機に、倒幕や尊王攘夷をめざす者たちが、八郎のもとにあつまってきた。八郎は全国を遊説し、尊王攘夷の実行を呼びかけた。八郎の策に共感した浪士たちが、ぞくぞくと京へのぼったといわれている。

幕臣山岡鉄太郎も、八郎に心酔したひとりである。鉄太郎はのちに剣の奥義をきわめ、無刀流の開祖となった。また、幕末維新で亡くなった志士を祭るため、普門山全生庵《ふもんざんぜんしょうあん》という禅寺を建立した。その姿は剣禅一如《けんぜんいちじょ》を体現し、西郷隆盛からも全幅の信頼をあつめた男である。その鉄太郎が心酔するほど、八郎は魅力的な快男子であった。

八郎は、攘夷の実行こそがわが国を救う手段であると考え、ほうぼうに働きかけるが、実現にはいたらない。ただ、幕臣山岡鉄太郎をとおした建議で、浪士を組織し将軍を護衛するという案が採用され、浪士隊を組織することになった。この浪士隊がのちに新徴組となる。

また、新徴組よりもはるかに有名な組織が、先に浪士隊から分岐した。新撰組という。

浪士組の結成

清河八郎が組織した浪士隊が、どのような変遷で新徴組となり、祐邦にまかせられるまでになったのか、余談を交えながら整理しておきたい。

江戸は武士の町であったが、参勤交代の制度が廃止されて以来、火が消えたようにさびれ、そのすきまに全国から浪士があつまってきて、物騒な町となっていた。浪士たちの願いは、乱に乗じて立身することで、その乱がおこることを期待してあつまった物騒な連中であった。浪士たちは江戸の治安を乱し、幕閣をこまらせていた。多数の浪士を取り締まる武力が幕府にはなく、対策に悩んでいたところに、清河八郎の建議が上がってきたのであった。

幕閣は、清河八郎が過激な攘夷思想をもち、その実現のために浪士組を組織しようと企てていることを承知していた。しかし、八郎の唱える尊王攘夷は当時の正論であるため、八郎や彼に心酔する者たちを取り締まるわけにはいかない。そこで、八郎を江戸にとどめておくよりも、江戸にあつまっている浪士たちもろとも体よく江戸を追い払う口実にできると考え、浪士隊を組織させた。混乱をきわめる京へ送りこむ意図があった。毒をもって毒を制する策である。

いっぽう、八郎にしてみれば、攘夷の決行は国の決定事項でありながら、なにもしない幕府の対応に大いに不満があった。幕府が実行できないならば、自分が捨て身の尖兵として攘夷を実行するまでという思いを強くしていた。そこへ浪士組の結成が実現し、八郎の思いが現実に動きだした。

一八〇五年（文久二）十二月。八郎らは精力的に浪士募集を開始した。募集にあたっては、「一に攘夷、二に大赦、三に天下の英才をあつめる」という目的をかかげた。二番目の大赦については、前年に日本橋甚右衛門町の路上で、故意に喧嘩を売ってきた与太者を無礼打ちにしてお尋ね者になっている、清河自身をふくむというものであった。また、石坂周造や池田徳太郎など、八郎の右腕を牢から出すねらいもあった。

浪士募集の情報は、腕に覚えのある者たちにとって待望の話題として、江戸中を駆けめぐった。身分を問わず、農民であっても犯罪者であっても応募できるという魅力的な条件だった。「文武両道に秀でた者は百五十石から二百石。ひと通りの使い手ならば五十石」「ひとりあたり三十俵二人扶持」などの噂が飛びかい、応募する浪士が殺到した。小さい道場主などは道場をたたみ、門人をひき連れて浪士組に加盟した。

混成の部隊と清河の思惑

募集に応じた浪士は、小石川伝通院の塔頭処静院《たっちゅうしょせいいん》にあつめられた。幕府では五十人程度と予想し、ひとりあたり五十両、合計二千五百両を支度金として準備していたが、とてもまにあわない。

すぐに旗本に取りたてられると考えていたのに話が違うとくってかかった浪士たちだったが、納得せざるをえず、担当者の松平上総介が辞任、八郎は無役となることで責任を取り、浪士たちをなだめた。上総介の後任には急遽、目付を務めていた鵜殿《うどの》鳩翁《きゅうおう》がついた。

組編成として、浪士たちを七つの隊に編成し、一隊当たり約三十人。組ごとに三人ずつ小頭をおいた。おもな者はつぎのとおりであった。

取締役として、鵜殿鳩翁、山岡鉄太郎、松岡万。取締附に芹沢鴨、池田徳太郎、斎藤久万三郎（八郎の実弟）ら。隊士として、根岸友山、家里次郎、殿内義雄、清水吾一、遠藤丈庵、石坂周造、近藤勇、山南敬助、土方歳三、永倉新八、沖田総司、原田左之助、藤堂平助、平山五郎、野口健司、平間重助、新見錦、阿比類鋭三郎、井上源三郎、沖田林太郎、祐天仙之助、玉城織衛、村上俊五郎、大村達尾、柏尾右馬之助ら総勢二百三十余名。

のちに有名になる近藤勇や土方歳三らは一隊員にすぎず、いっぽう、博徒祐天仙之助は二十人ばかりの子分をひき連れて参加したので、五番隊の伍長に任命されるなど、当初から混乱した部隊編成であった。

翌一八六三年（文久三）二月八日。浪士組は江戸を出発した。中山道を通り、二月二十三日京へはいった。浪士組は組織も固まっておらず、たがいがけん制したり対立したりの旅であった。まだ、一隊士にすぎなかった近藤勇は、池田徳太郎の手伝としして宿の手配を命じられていたが、本庄宿で水戸浪士芹沢鴨の宿を取り忘れ、芹沢が大騒ぎするという失態もあった。

京へ到着した浪士組は、壬生《みぶ》村へ分宿した。清河八郎は、浪士組を攘夷の尖兵とするべく、朝廷の勅諚《ちょくじょう》を仰いだ。八郎が、わざわざ将軍護衛のためと称して京まで浪士組をひきいたのは、数の力を朝廷に示し、攘夷実行の勅諚を得るためだったのである。「浪士組は江戸へ帰り攘夷を実行せよ」という勅諚は、幕府からの命令より上位となるため、八郎は幕府のコントロールをうけずにフリーハンドで攘夷を実行できる立場となった。八郎の策は、幕府の力と金で浪士をあつめ、朝廷の権威をかりて幕府の制御がきかない集団をつくりあげて、攘夷を実行するという大きなものであった。八郎の策どおり事がすすみ、浪士組は知らないうちに攘夷実行の兵へと変わっていった。

壬生新徳寺での対立

浪士組の変身に驚いたのは、幕府の閣老である。清河が多数の浪士をあつめさせたのも、はじめから攘夷の兵力を自分のものにするという大芝居であったことに気づかされた。このまま京にとどめては危険と考え、「生麦事件で早急に兵が必要となったので、浪士組は江戸へ帰るように」という命令をくだした。

壬生新徳寺
（『幕末・明治・大正回顧八十年史』 新撰組より）

攘夷を決行する場所を横浜と考えていた八郎にとって、おりからの帰還命令は好都合だった。浪士をひきいて江戸へ帰って幕府へ攘夷の実行をせまり、もし躊躇するのであれば、自分が浪士組をひきいて攘夷の口火を切り、幕府を巻きこもうという計画をたてた。

浪士組は、壬生《みぶ》新徳寺にあつめられた。清河八郎は、浪士たちにむかって「関白の命である。江戸へ帰り、攘夷を実行する」と宣言した。全員が異議なく賛同すると予想していたが、意外にも反対者がいた。

「関白の命令であっても、我らは将軍

護衛のために京に来たのであるから、初志をまっとうしたい」

　反対の声をあげたのは近藤勇であった。同志の土方歳三らが賛同し、それに芹沢鴨のグループが同調した。八郎としては決起集会にするつもりだったが、近藤に水を差されたかたちとなった。八郎と近藤らは対立を深め、近藤たちのグループは京へ残ることを主張し、もの別れとなった。

　近藤は、会津藩に残留を願う嘆願書を出した。浪士組の江戸帰還まぎわになって、ようやく市中の警護と見まわりという名目で、会津藩抱えとなることができた。合計二十四名の浪士が京へ残留することになった。残留組は内部での権力闘争を経て、やがて新撰組となった。

　帰還する浪士組には新たに、浪士取扱に高橋泥舟、浪士出役に佐々木只三郎、速水又四郎、高久保二郎、依田哲二郎、永井寅之助、広瀬六兵衛が任じられた。浪士組取締の面々は、幕臣のなかでも腕の立つ者をあつめて組織されたが、状況の急転にとまどうばかりであった。浪士組をまとめるには、剣よりも思想。さらには浪士たちに目標を与える人物が必要であった。箱館奉行所での働きぶりを知られた祐邦がもとめられた理由がここにある。

新撰組

新撰組について、ここで述べることは本旨ではないが、余談として書きとめておきたい。これまでは、新撰組が佐幕、薩長が勤皇という対立構図の枠組みで語られてきたが、事実はそう単純な話ではない。新撰組もまた、勤皇であったのである。話は少しさかのぼる。

一八〇五年（文久二）。大原茂徳《しげとみ》を勅使とする一行が、薩摩藩兵千名に護衛され、関東へ下向した。攘夷を決行するために、一橋慶喜《ひとつばしよしのぶ》を将軍後見職、越前藩主松平慶永《よしなが》を政治総裁職に任じた幕政改革を実施し、将軍と諸大名は上京せよという勅命であった。

勅命にこたえるために、将軍家茂《いえもち》が上京することになり、その護衛として浪士組が組織されたのであった。浪士組には、勅命を奉じた将軍の護衛は勤皇に通じるという名分があった。幕末の勤皇思想というものは、庶民にいたるまできわめて普遍的なものので、武士が将軍に忠節をつくすことは手段であり、究極的には忠節が勤皇につながるという遠大な大義名分があったのである。

新撰組は、浪士組の本隊が江戸に帰ったあとも京へとどまった。この理由として、近藤勇が会津藩公用方に出した書簡に〈全体私共儀は尽忠報国の志士、よって今般御召に相応じ、去る二月中遥々上京つかまつり、皇命を尊戴し、夷狄を攘斥の御英断承知つかまつりたき存志にて滞京まかりあり候〉とある。これは近藤らが、江戸にいるよりも京にいるほうが、尽忠報国の志士として、天皇の命を奉じて攘夷を決行できると考えたということである。

京で将軍と諸大名は、孝明天皇に忠誠を誓い、幕府の上位に朝廷が位置するということを天下に公表した。近藤らは、そのようすを見て京滞在中に考えが変わり、江戸へ帰る集団から離脱する決心をした。

京では、長州方公卿と薩摩・会津方公卿との主導権争いがおこり、過激な長州藩は、七人の長州派公卿もろとも京から追放される。この政治劇の舞台に近藤らが登場し、存在感を見せつけるのである。この追放劇での活躍によって、近藤らの集団は朝廷公認となり、武家伝奏《でんそう》から「新撰組」の隊名をくだされたのであった。新撰組は、今日では佐幕の権化のように考えられているが、きわめて朝廷に近い存在だったのである。

また、新撰組は「松平肥後守（会津藩）預かり」という身分もあった。会津藩は、朝廷政治の中枢に位置し、孝明天皇に忠誠を誓っていた。容保《かたもり》宛におくられた孝明天皇の御寝翰は多数残されており、その親密さはもはや主従関係。会津藩は新撰組を戦力と認め、配下に取りこんだ。京の治安維持のために、新撰組を洛中警備に命じ、また素行の悪かった芹沢鴨らを粛正するように命じたのも会津藩であった。

長州藩を朝廷から追放し、薩摩藩の影響力も排除した一橋慶喜は禁裏守衛総督となり、京都守護職松平容保（会津藩）、京都所司代松平定敬《さだたか》（桑名藩）に新撰組をくわえた体制で京の治安を維持した。この「一会桑」という体制に新撰組を組みこんで、御所から洛外にいたるまで、鉄壁の警備体制を敷いたのであった。

新撰組の警備は、強力な武力と情報収集力によって支えられ、つねに先手必勝の構えで警備にあたっていた。その成果が「池田屋事件」の摘発にむすびついた。

三条木屋町池田屋

一八六四年（元治元）七月八日。三条木屋町の旅籠池田屋にあつまり、謀議をめぐらしていた長州、土佐らの浪士たちを新撰組が捕縛のため襲撃した事件を「池田屋事件」、あるいは「池田屋騒動」と呼んでいる。謀議の内容は、新撰組にとらわれた同志、古高俊太郎を奪還するか否かというものであった。古高は、炭薪商に変装して京に潜入しているところを新撰組探索方が発見し捕縛したものであった。

　浪士たちが古高を奪還しようとあせっていたのは、古高が重大な計画を知る人物だったからである。計画とは「八・一八政変」と呼ばれる宮中クーデターで失脚した長州藩が、捲土重来を期して大風の日に御所に火を放ち、会津侯、桑名侯を暗殺し孝明天皇を奪い、長州に連れ去るというものであった。

　浪士たちの会合がおこなわれるという情報を探知した新撰組は、場所を池田屋と四国屋二軒にしぼり、二手に別れて捕縛にむかった。近藤勇、沖田総司、永倉新八、藤堂平助らがむかった池田屋に浪士があつまっていた。浪士は二十数名。近藤らは応援も待たずに四人で斬りこんだ。捕縛が目的であったが、味方が少数のため斬り捨てとした。

　宮部鼎蔵ら浪士方は奮戦しつつ脱出をはかり、現場は大混乱であった。沖田が病のため離脱、藤堂は負傷のため退き、一時は近藤と永倉二名で、十倍する浪士たちと戦った。やがて土方ら別働隊が現場に駆けつけ、浪士を鎮圧した。池田屋では、九名を討取り四名を捕縛した。さらに翌朝の掃討戦で会津桑名と連携し、残党二十余名を捕縛した。

この事件をきっかけに近藤らは幕臣に取りたてられ、新撰組は、京洛の治安機関として幕府直轄の組織に位置づけられた。

池田屋事件の衝撃は、明治維新を一年遅らせたとか、逆に早めたとか、薩長土肥主体の明治維新を導いたなどという説が語られている。この事件をうけて、長州過激派は兵を京へすすめ、会津、薩摩藩などの軍勢と衝突した。その結果、長州は敗退し、久坂玄瑞ら首謀者は自刃した。戦火は洛中にひろがり、町の多くが焼失した。

孝明天皇は激怒し、長州征伐を命じた。ここに、孝明天皇・徳川慶喜・会津・桑名・新撰組連合対長州藩という対立構造がつくられたのであった。

しかし長州藩は、孝明天皇の死をきっかけに、明治天皇を擁し逆転を図った。これがみごとに成就し、明治天皇・長州藩・薩摩藩連合対幕府という勢力図となり、幕府・会津・桑名・新撰組は賊軍とされた。明治時代の史観で新撰組が徹底した悪役にえがかれたのは、このような権力闘争の結果だったのである。

やがて、近藤勇は流山（現千葉県流山市）で官軍に投降し、板橋（現東京都板橋区）で斬られた。明治時代を記録する『太政類典』には「官軍兵士には近藤を憎む者が多く、近藤の肉を食らいたいという者までいたので速やかに処刑した」と記録されている。

本来なら裁きにかけて、京の三条河原で梟首《きょうしゅ》にするべきところだが、万が一助命となれば兵の統率がとれないという理由で、拙速に斬ったというのが当時の生の声であった。

処刑後、近藤の遺骸は、板橋の寿徳寺に埋葬された。一八七五年（明治八）近藤の親類、高野弥七郎から墓碑建立の願いが内務省に出された。記録では〈今日にいたっては不都合の儀は御座なく候〉と許可されている。十年を経ることなく、新撰組は歴史となったのであった。

以上は余談である。

佐々木只三郎

浪士組には、京へ出発したあとも、その評判を聞きつけてぞくぞくと参加希望の浪士があつまった。幕府のお抱えとして武士身分になれることを期待して、有象無象四百名ばかりの集団にふくれあがった。

清河八郎は、浪士組の事実上の統師をにぎった。幕府は、八郎がうけた攘夷決行の勅諚に悩まされた。毒をもって毒を制するつもりが、清河八郎という獅子身中の虫をかかえこむことになったからである。

幕閣は、浪士組の評判を落として、清河八郎を失脚させようと考えた。浪士組を名のる賊が、江戸市中で金策や押しこみなどをはたらく事件が頻繁におこるようになり、八郎が調べてみると、浪士組の者ではなく、どうやら幕府高官に雇われた者であった。賊を捕らえさせ、首を両国広小路にさらした。ことを指示した老中小笠原長行、勘定奉行小栗上野介らは震えあがり、八郎の存在は幕府を危うくすると危機感をもった。

待てどくらせど、浪士組には、攘夷決行の命令どころか、なんの仕事もあたえられずに放置されていた。

清河八郎は、幕府が煮え切らないのであれば、浪士組単独で攘夷決行するのみと決心した。八郎は、横浜の居留地を焼き払う計画をたてた。大風の日に横浜の関門を破壊して、斬りこみ、外国人たちを斬れるだけ斬り捨てて、領事館や外国商館に火を放つ。金蔵から軍資金を奪って甲斐へむかい、甲府城に籠って、天下に攘夷の実現を号令するというとんでもない計画であった。この一部でも実現していたら、幕府は確実に壊滅的な打撃をうける。

横浜焼き打ちの計画は、すぐ幕閣の知れるところとなった。幕閣からの意向をうけた小栗上野介は、佐々木只三郎へ八郎の暗殺を命じた。

佐々木只三郎は、会津藩士佐々木源八の三男に生まれ、親類の旗本佐々木弥太郎の養子となった。小太刀にすぐれ、幕府講武所の剣術師範を務めた腕前であった。清河とは同僚で馴染みもあったが、只三郎にとっては将軍に対する忠義が絶対であり、幕府を危うくするとなれば、清河を斬ることにためらいはなかった。

清河八郎の暗殺

一八六三年（文久三）四月十三日、七つ時（午後四時頃）。清河八郎は、友人宅を訪ねた帰り、麻布一之橋にさしかかったところで、佐々木只三郎、速水又四郎と出くわした。佐々木らは陣笠をとり、「清河先生。本日はどちらへお出かけで」とていねいにあいさつをした。八郎もそれにこたえようと陣笠のひもをほどいている最中に、背後から、窪田泉太郎が抜き打ちに斬りつけた。首筋を左から右へはらい、そこへすかさず正面から只三郎が斬りかかり、額から顎へと斬り下げた。すでに窪田の一撃が致命傷となり、八郎はひとことも発することなく地面に崩れ落ちた。清河八郎三十四歳。即死であった。

北辰一刀流免許皆伝の清河八郎に真正面からむかっていっては、さすがの佐々木只三郎でも手におえないと考え、奇策を用いたのであった。ただ、護衛も連れずに夜道をひとりで歩くとは、思慮深い八郎からは想像がつかない。一説には、浪士組は、八郎でさえ抑えきれないほど横浜襲撃にむかって沸騰しており、八郎が身を投げ出してとめたのだろうという話もある。

八郎の首は、騒動を聞いて駆けつけた石坂周造が、監視の有馬家、松平山城守家の足軽たちをあざむいて持ち帰り、山岡鉄太郎に渡した。鉄太郎はのちに伝通院に葬った。明治になり、八郎の弟が故郷に移したという。

一介の浪人でありながら、幕府と朝廷を思いのままにあやつって、幕府破綻の瀬際まで追いつめた清河八郎という男は、幕末維新史の傑物であった。また彼がつくった浪士組は、清河の思いに反し、皮肉にも最後の最後まで幕府に殉ずるという役割を果たすことになるのである。

清河を斬った佐々木只三郎は、清河を斬った功が認められ、京都見廻組の頭となる。坂本龍馬を斬った男ともいわれている。窪田泉太郎こと鎮章《しげあき》は、備前守に任官し歩兵奉行に任じられた。ともに鳥羽伏見の戦いで戦死し、最後まで幕府への忠節をつくした。

清河八郎暗殺の翌日、浪士組幹部に処分がくだされた。浪人奉行鵜殿鳩翁は免職。高橋泥舟、山岡鉄太郎、松岡万は御役御免の上蟄居《ちっきょ》。窪田治部右衛門は御役御免の上差控《さしひかえ》という処分であった。

処分をうけた者たちは、時をおいて復帰の道をあたえられ、それぞれ名を残すことになる。窪田治部右衛門は、のちに西国郡代として日田に赴任する。窪田家は、筑後の名家蒲池氏の一族で日田には格別の思いがあった。幕府崩壊後、士民をあつめて新政府に対抗しようとするが、実現することなく日田を退去した。後日、長崎奉行となった祐邦と同様の決断をせまられるのである。高橋泥舟は遊撃隊の頭取、松岡万は精鋭隊の隊長として、慶喜の身辺を警護し、廃藩置県で静岡藩がなくなるまで忠節をつくした。山岡鉄太郎は、明治天皇に侍従として仕えたのちは、旧幕臣のために尽力する晩年をおくった。

新徴組支配に河津祐邦

浪士組の解体と成立については、これまで見たとおりであったが、浪士組には清川八郎という男の思想がしみわたっていた。浪士組から清川色を取りさるということが新徴組成立時最大の課題であった。そもそも清川が組織した集団から清川色を取りのぞくと、残る者たちは烏合の衆となる恐れがあった。その危険をおかして再編するという難題は、函館奉行所の河津祐邦にしかまかせられないという幕閣の期待があった。

浪士組は、全員が取調べをうけた。清河八郎と謀って横浜襲撃を企てていた者は、拘束されたのち浪士組から追い払われた。結果として、攘夷を実行しようという浪士が抜けて、思想ではなく純粋に立身出世をめざす者たちだけが残った。

残った浪士たちは「新徴組」と命名され、幕府の一部隊となった。新たにもうけられた新徴組支配に、祐邦が任じられたのであった。

江戸幕府の職制と主な幕臣の履歴をまとめた『柳営補任《りゅうえいぶにん》』によれば、新徴組支配という職は、場所高千石、布衣場、席は小十人《こじゅうにん》頭のつぎ、若年寄支配の役職であった。箱館奉行支配組頭からすれば、相当な出世である。

江戸幕府は、どの職にも複数の者を配置した。権力の分散と相互監視の意味があった。新徴組支配の職も二名が命じられた。祐邦の同役、松平上総介は浪士組結成のときに職を投げだした人物だった。腕は立つが組織内の評判はよくない。自然に祐邦が重きをなしていった。新しい組織をどうするのかという課題が、祐邦にあたえられた。隊士の希望は、幕府直参に取りたてられることであったが、身分的には一代かぎりの臨時的なものであった。庄内藩が江戸の治安維持をまかされていたためと、酒井家が清河八郎の主筋にあたるという理由で、新徴組取扱は庄内藩主酒井忠篤に委任された。英国と一戦を交えた場合には芝新銭座に出動という場所割がなされたが、それ以外の指示はなかった。

新徴組隊士は、幕府から庄内藩預かりとなることで格下げとなり、不満の声があがった。松平上総介が新徴組支配に再任されたのは、上総介が徳川家康の六男松平忠輝の系統である長沢松平家の当主という血筋のよさを買われたためであった。上総介が支配につくということは幕府の関与があり、「双方立会」という共同監督であることを内外にしめしたものであった。

庄内藩にとっては、浪士をあつめた新徴組などお荷物だが、幕命とあればしかたがなかった。

祐邦ら新徴組支配および支配組頭は、幕臣でありながら庄内藩へ出向するようななかたちになった。祐邦にとって、幕府でも庄内藩でもこだわりはなかったが、隊士たちの身分の安定とやりがいのある仕事をあたえることが、新徴組という新しい組織には必要と考えた。

新徴組の改革

まず祐邦は、新徴組隊士の待遇を改善した。月二両の給料。大部屋ではなく、八畳に三人部屋。食事は三食とも弁当で運ばれ、米飯とおかずがはいっていた。弁当に飽きた者には米を支給し、それさえいらぬ者は食費が銭で支給された。給料はまるまる手元に残るため、隊士は余裕のあるくらしができた。

つぎに任務として、戦の訓練や待機などだけでは人材を腐らせるとして、庄内藩がうけもっている市中警備を分担して引きうけさせることにした。

隊士たちは浪士といっても江戸出身者や江戸での長期滞在者が多く、庄内藩士より江戸市中の地理にくわしかった。また、腕に覚えのある者ばかりだったので、彼らに立ちむかっていく賊などはいなかった。適役といえた。

隊士たちは、江戸市中見まわりにやりがいをみいだした。また、市中の評判も高かった。浪士や賊が横行する物騒な江戸で、隊士たちは唯一頼りになる身近な存在だった。

やがて新徴組は市中全域を見まわり、事件があれば急行する、警察活動をになう存在に変わっていった。

祐邦は、浪士組から攘夷という毒気をぬき、民を守る武士としての誇りを身につけさせることをめざした。待遇の改善と市中見守りは、隊士に自負心をもたせるためであった。薩摩藩島津久光の行列を横切った英国人を無礼打ちした「生麦事件」では幕府とイギリスの衝突が心配されていたが、さいわい回避された。いっぽう、横浜港での貿易がますますさかんとなり、幕府の開国方針は揺るがないものへとさだまっていった。

幕末インフレ

外国との貿易がさかんになるにつれ、予想もしなかった事態がおこっていた。開国を契機に物価が高騰しはじめたのである。

日本の開国を主導したアメリカでさえも、日本は米中間の薪水補給地と漂流者の避難地程度にしか考えていなかったが、いざ関係してみると、日本は少量ながら良質の絹を生産していることがわかった。それが中国産の物に比べると段違いの高級品であったため、欧米では飛ぶように売れた。また、防虫剤としての樟脳、伊万里《いまり》焼などの陶磁器、漆器などの工芸品が人気を博した。これまでの国内市場とは比較にならない需要に対し、それらの価格は暴騰し、連動して食品や生活必需品までが高騰するという物価高が出現したのであった。

江戸時代の日本は米本位制といわれるほど、すべての価値を米に換算していたため、米価を安定させることが物価の安定につながっていた。しかし、幕末の物価騰貴は幕府の手におえるものではなく、さらに商人による買い占めなどが重なり、ますます米価が高騰した。維新前後には開港前の十倍を超え、ハイパーインフレの様相を見せた。

米の値段に対し、人件費は驚くほど安かった。安いといえば、武士の禄高は二百数十年以来変化なく、下級武士から将軍まで一律に武士は貧乏であった。その貧乏に追い打ちをかけるような幕末インフレこそが、外国人による人災であると当時の人々は考えていた。

「お巡りさん」は新徴組がはじまり

江戸には食いつめた犯罪者があつまり、治安の悪化は目をおおうばかりであった。

もともと江戸の治安は、二、三百人程度の与力や同心でまかなえるほど安定していたが、参勤交代の制度を廃止した結果、江戸の人口は激減した。江戸を退去したのは諸藩の江戸駐在武士とその家族で、すべてが消費者であったため、江戸町人たちの商売もあがったりになってしまった。幕府の威光は見る影もなく、いたるところに夜盗が出没する物騒な町となった江戸では、治安を守ってくれるのは幕府ではなく、庄内藩などの諸藩であった。

祐邦は、新徴組の隊士を戦士として鍛えるいっぽう、世襲の武士よりも武士らしい倫理観をもった侍に成長させたいと考えた。新徴組隊士が、軍事組織のような組織のもとで市中をくまなく見まわりはじめると、当初は警戒していた町人たちも、次第に親しみをもつようになってきた。

また､新徴組で依然攘夷思想をひろげようとする清河八郎の影響力をのぞくために、隊士の一員であった小林登之助を頭とする九十四名をあつめ、新たに「大砲組」を組織した。両組織を切磋琢磨させながら、警察活動をおこなわせようと考えたのであった。

当初は別組織であったが機が熟したと考え、幕府は一八六三年（文久三）九月四日、三笠町小笠原加賀守空屋敷にあった新徴組の屯所を閉鎖して、飯田町もちのき坂下大砲組屯所へうつした。新徴組と大砲組が合併し、新たな新徴組として誕生したのである。

新しい新徴組は、もちのき坂宿舎を本陣、各町の自身番所を拠点として、市中を巡回した。夜盗などの急報をうけるとただちに駆けつけ、これを斬った。今日の警察制度のもとになるような警察活動が、物騒だった江戸の町を安心安全な町へと変えていった。祐邦は、このことについては自分の手柄とせず、共同管理の庄内藩を前面にたてた。

祐邦は、自分がつくりあげた組織として新徴組をさらに発展させたいと願っていた。しかし、時勢と幕府からの要請は、祐邦を一ヵ所にとどまらせてはくれなかった。九月二十八日、祐邦は新徴組支配の任をとかれた。同時に、外国奉行という重職を命じられた。祐邦が任をとかれると同時に、新徴組は幕府の手から離れ、庄内藩の召抱えとなった。

庄内藩は、はじめは幕府から押しつけられたお荷物として新徴組をあずかったが、彼らの警察活動はみるみる成果をあげた。新徴組は庄内藩を称したために、庄内藩の評判が江戸で高まるという思ってもみない現象がおこった。

江戸の市民たちは庄内酒井家に感謝してつぎのように歌ったという。

「酒井佐衛門様お国はどこよ、出羽の庄内鶴ヶ岡」

「酒井なければお江戸は立たぬ、御まわりさんには泣く子も黙る」

酒井佐衛門とは、庄内藩主酒井佐衛門尉を指す。また「御まわりさん」とは新徴組の見まわり隊士たちのことである。庄内藩新徴組の警察活動は、この後戊辰戦争で酒井家が庄内へひきあげるまでの五年間つづいた。全国が騒然となった幕末維新期に、江戸が平和で安全な都市として維持されたのは、新徴組の功績であった。

新徴組の最後

新徴組のその後についてふれておきたい。

一八六七年（慶応三）十五代将軍徳川慶喜による大政奉還、朝廷による王政復古の大号令によって、徳川幕府は日本の統治権をうしなった。しかし、徳川家とそれに従う大名たちは依然として存在していたため、あせった薩長は、軍事的な決着をのぞんだ。徳川家は、その挑発にのらないよう自重していたが、江戸で火の手があがり、鳥羽伏見の戦いへとつながっていった。江戸で火の手をあげたのは、新徴組と庄内藩であった。

平和だった江戸市中に放火、殺人、押しこみ、御用盗などの犯罪が同時期に多発した。市中を警備する新徴組が捜査すると、きわめて組織化された犯罪であることがわかった。犯人は、犯罪のたびに治外法権の薩摩藩邸に逃げこむため、捕縛することがかなわない。やがては、新徴組を挑発するかのように堂々と藩邸に出入りし、隊士たちを悔しがらせた。

この犯罪者たちは、薩摩藩西郷吉之助の指示をうけた益満休之助ら薩摩藩士がひきいる浪士たちであった。テロは得意技である。

同年十二月二十五日。庄内藩は意を決し、薩摩藩邸を焼き打ちした。同時に、薩摩支藩佐土原藩の屋敷を新徴組が襲撃した。薩摩兵と戦い大いに打ち破ったが、この衝突を待っていた薩長の兵が、京から大坂にむけて進軍するきっかけとなった。

鳥羽伏見の戦いでは、徳川方が圧倒的な兵力で優位にたっていたが、薩長軍に錦旗があがり、形勢が一気に逆転した。将軍は大坂を退去し、江戸上野寛永寺に謹慎した。

五年間、江戸の治安を守ってきた新徴組は、庄内藩とともに追われるように江戸を離れた。庄内藩は朝敵とされ、討伐の兵がむけられた。新徴組隊士にとって庄内藩はすでに離れがたい肉親同然であったため、家族があって江戸を離れられない隊士をのぞき、庄内鶴岡に移動した。

庄内藩にはいった新徴組隊士は、鶴岡から少し離れた湯田川という村に本拠地をおき、戦闘部隊として再編成された。一八六八年（慶応四）七月二十日、新徴組は庄内藩兵第四大隊に組みこまれて戦闘に加わった。

あまり知られてはいないが、越後、会津と連敗の旧幕府軍にあって、庄内藩だけはまさに連戦連勝。一度も領内に敵兵をいれることなく戦いぬき、余力を残したまま終戦をむかえた。庄内藩は、藩士だけでなく領民たちまでが最新式の銃で武装し、藩境を守ったためである。薩長側は各藩が個別に撃破されたため、ついには長崎の地役人らで組織した振遠隊を投入し、さらには当時最強の佐賀藩支藩武雄藩アームストロング砲兵隊まで投入して庄内兵をくいとめた。もちろん、庄内藩最精鋭の部隊として、新徴組の活躍はめざましいものがあった。

明治になり、庄内藩は新徴組の働きを認め、隊士を正式な藩士としてむかえた。わずかな期間であったが、新徴組は藩内の原野を開墾し、外の藩士とともに汗をながした。

廃藩置県後の一八七四年（明治七）。酒田県では、藩が消滅したことをうけて、庄内藩が幕府から新徴組の運営資金として預かり、律儀にも使わずに保管していた二千両を、生存している隊士たちにわけあたえた。二百十一人の隊員中七十五名が戦死などで欠け、百三十六名に十四円七十銭が支給された。

第四章

スフィンクスの侍たち

開国

一八五三年（嘉永六）。マシュー・ペリーひきいるアメリカ東インド艦隊の来航によって、日本が大きくゆれた。幕府の高官は、ペリーの突然の来航に驚いたのではなく、むしろ航海でなんのトラブルもなく予想どおりに来航したことに驚いたのである。

すでに幕府は、オランダからの風説書でペリーが開国の要求をもって来航するという情報を得ていた。艦隊が日本に接近しているようすも大まかに把握していたが、長崎を飛ばして、いきなり江戸間近の浦賀にあらわれるとは考えていなかった。というよりも、考えたくなかったというべきであろう。

幕府の外国船に対する対応は、外国船を長崎に回航させ、江戸長崎間の文書のやりとりで時間をかせぎ、そのあいだに長崎港に筑前・肥前・肥後などの軍勢をあつめて固め、拒否の回答を渡したうえで、薪水の補給をおこなって退去させるというものだった。

万が一外国船が武力をふるおうとしても、狭い長崎港の両岸から雨あられの砲弾を撃ちこみ港を閉鎖すれば、じゅうぶんに勝てると幕府は考えていた。実際、十七世紀にはポルトガル船を追い払ったこともあった。その事件以後、外国の軍艦は閉塞されるのをおそれ、長崎港外にとどまって、決して港内にはいってくることはなかった。さらに、長崎港外に台場をつくり、港口への侵入も許さない態勢をとったので、長崎港警備は盤石と考えられていた。幕府は、長崎一点を防衛すれば海防はことたりると考え、江戸湾でさえ非武装のまま開けはなたれていたのであった。

いっぽうのアメリカ側は、幕府の対応や防衛体制などじゅうぶん研究したうえで、はじめから長崎に回航するつもりなどなかった。どのようにすれば幕府が自分たちの要求を飲むか、計算して浦賀に来航した。「回答を先延ばしにすれば少しずつ江戸湾内に近づくぞ」と示威行動をとり、ついにはその計画どおり、日本を開国させることに成功したのである。

幕府高官は門閥出身であったが、優秀な官僚がたがいにけん制しながら政治をおこなっていたため不正や汚職は驚くほどすくなく、制度疲労はあったものの、まさに天下は泰平を謳歌していた。

きっかけはどうあれ、鎖国政策という内向きな平和を捨てて列強に開国したことは、人々のこれまでの価値観を一転させ、日本に住むすべての人々に変化をもたらした。それは、国家存亡に対する強い危機感であり、また、封建的な身分制度の動揺であった。

朝廷からの難題

幕府にとって厄介だったのは、外国との交渉だけではなかった。むしろ、事ごとに足を引っぱり難癖をつける、京の朝廷に対する疲労感のほうが大きかった。

ペリーの来航以来、外交も貿易もいちいち朝廷にうかがいをたてなければならなくなり、その朝廷が無責任な難題をふっかけてくる。その要求のなかには「条約にさだめられた開港場を閉鎖せよ」というものがあった。

すでに開港し、外国人が闊歩している現状を見れば、「港を閉じよ」「外国人をたたきだせ」と命令されても不可能なのは誰にでもわかることだが、それがわかっていて難題をふっかける朝廷の動きは、これまで冷遇された腹いせだったのである。

幕府は、朝廷の権威のもと天下の仕置きを委任されているかたちをとる以上、その要求を拒絶することはできなかった。ただ、時間かせぎをして、状況の変化と朝廷内の変心を待つという対処はできた。効果は期待できないながらも、訪欧使節団を派遣するということで、朝廷へのいいわけとした。欧州へは片道半年もかけて出かけ、さらにゆっくり帰朝して、努力はしたが力不足だったと報告すれば一年の時間かせぎはできた。

安政の条約で開港が決まっていた新潟と兵庫の開港を認めない朝廷へのいいわけとして、一八六二年（文久二）幕府は、外国奉行兼勘定奉行竹内下野守保徳を正使とする遣欧使節団をおくった。

竹内使節団

尊攘運動を抑えるためにおこなった皇女和宮降嫁の成果もなく、かえって世相には「外国人をたたきだせ」という過激な攘夷熱が高まっていった。このようなときに、新潟（港湾機能が不適で技術的に開港が難しかった）、兵庫二港の開港と江戸、大坂の開市をおこなえばたいへんなことになると考えた幕府は、世情に押されるかたちで各国に使節団を派遣し、延期の申しいれをおこなうことにした。正使の名を取り、通称「竹内使節団」と呼ばれた。

正使は、竹内下野守保徳、副使は松平石見守康直、目付は京極能登守高朗であった。

このほかに、組頭柴田日向守剛中、通訳として福地源一郎、福沢諭吉、松木弘安（後

竹内使節団
（『幕末遣外使節物語』尾佐竹猛著より）

の寺島宗則）。後日、通訳の森山栄之助と渕辺徳蔵が加わり、総勢三十八名の使節団となった。目的は、政情や経済状況が安定するまでの開港開市の延期、西洋諸国の事情視察、ロシアとの樺太国境交渉の三点であった。

一行は一八六二年（文久二）一月、英フリゲート艦オーディン号に乗船し、長崎を船出した。香港、シンガポール、セイロン、アデンを経てスエズから汽車で地中海へ出て、アレキサンドリアから船に乗り換えてマルセイユに上陸した。開港延期の交渉と樺太領有に関する交渉のため、フランス、イギリス、ロシアなどを訪問し、翌年一月帰朝した。

外遊に慣れていない使節団は、大量の米、味噌、醤油を持参し、航海途中で腐って廃棄せざるをえなくなった。また、照明として大量の提灯をもっていったが、すでにガス灯のともるヨーロッパの街並みには不要で、結局これも処分した。食糧や道具などの準備は不要と英国側から教えてもらっていたが、信用せずに、喜劇的な展開となってしまった。この後の使節団でさすがに提灯は持参しなくなったが、米については大量に持参した。米は、日本人にとって酸素のようなものであった。

竹内使節団の得た成果は、新潟、兵庫二港の開港ならび江戸、大坂の開市五年間の延期であった。ロシアとの国境交渉の成果はなく、西洋事情視察の成果としては、ロンドン万博の見学、工場視察以外は、福沢や福地などの個人的な著作として発表される程度のものであった。このときに得た教訓として、各国個別に交渉しなくとも、英国との合意に諸外国が従うという力関係があるということを学んだ。

攘夷の実行

一八六三年（文久三）五月。十四代将軍家茂は、朝廷に攘夷の実行を命じられ、苦しまぎれに五月十日を攘夷実行の日とさだめた。幕府は諸外国の公使に、武力を使う意思がないことを内密につたえていたが、長州藩では藩主以下、関門海峡を武力で封鎖しようと計画をたてていた。

攘夷決行の五月十日。長州藩は関門海峡を通過しようとするアメリカ商船ペンブローク号に対し、陸上からの砲撃と艦船からの攻撃をおこなった。ペンブローク号は無警戒だったため、砲撃をなんとかかわして周防灘へ退避した。長州では、異国船を打ち払ったと大いに気勢があがった。

つづいて同二十三日、長州砲台は、横浜から長崎にむかう仏艦キャンシャン号に対し砲撃をくわえた。ペンブローク号の情報を知らないフランス側は、突然の砲撃に対し応戦したものの事情がよくわからず、何事か調査するために短艇を長州側にむかわせた。

長州藩兵は短艇を銃撃し、水兵四名を殺害し、書記官を負傷させた。キャンシャン号は船体に損傷をうけたが、航海をつづけ長崎に入港した。

入れ違いに、長崎港から横浜へむかったオランダ艦メデューサ号が、同二十六日海峡通過中に砲撃をうけた。メデューサ号では、日蘭の友好関係から砲撃をうけるはずはないと考えていたが、長州側は無差別に砲撃した。あきらかな国際法違反であるが、長州藩は幕命でおこなったこととしらを切り、すべての責任を幕府になすりつけた。

六月一日。米軍艦ワイオミング号は報復として関門海峡にはいり、射程外から長州砲台と艦隊を砲撃し、庚申丸、壬戌丸を撃沈し、癸亥丸を大破させた。

さらに、同月五日。仏艦隊のセミラミス号とタンクレード号が、報復として長州砲台を砲撃したうえで、陸戦隊を上陸させ砲台を破壊した。この一連のできごとを今日では「下関砲撃事件」あるいは「下関事件」と呼んでいる。

攘夷実行の尖兵となった長州藩は、圧倒的な外国軍艦の力を見せつけられ、攘夷の実行よりも、反幕さらには倒幕へと方針を変換していった。攘夷は、武力衝突ではなく、浪士による個別的な襲撃事件や暗殺といったテロリズムに変わっていった。

九月には、そのひとつとして、神奈川の井戸ケ谷でフランス軍人カミュが、攘夷党を名乗る浪士に斬殺されるという事件があった。

先の下関砲撃事件とあわせて、幕府の失態はあきらかであるために、フランス公使は欧州へ幕府の謝罪使をおくることをすすめた。

池田使節団（左端が河津祐邦）
（『幕末遣外使節物語』尾佐竹猛著より）

池田使節団副使

フランス皇帝ナポレオン三世は、華美を好み、「歓喜と栄光」をキーワードにして大がかりな演出をおこなうことにたけていた。彼が残した最大の遺産は、パリを中世都市から近代的な文化都市へ改造したことであろう。いっぽう、軍事や国際的な地位など、ライバルのイギリスに差をつけられるだけでなく、新興のプロイセンにせまられるなど、必ずしも皇帝としての地位が盤石なわけではなかった。

駐日フランス公使ベルクールは、幕府の謝罪使をおくることが、セレ

池田長発
（ルイ・ルソー撮影、東大史料編纂所蔵より）

モニー好きの皇帝を喜ばせるためのプレゼントにもなると考え、幕府高官へ強くすすめたのである。

幕府は、訪問団を欧州におくることが横浜の鎖港をせまる朝廷へのいいわけにできると考え、一八六三年（文久三）暮れに使節を派遣することとなった。

正使池田筑後守の名を取って「池田使節団」と呼ばれている。

使節団は総勢三十四名。つぎのような構成であった。正使池田筑後守長発《ながおき》（二八）、副使河津駿河守祐邦（四四）、目付河田相模守（三〇）、外国奉行支配田辺太一《やすかず》（三四）、勘定役調役田中廉太郎（三七）、通弁御用頭取西吉十郎（三〇）、侍目付斎藤次郎太郎（三四）、調役並須藤時一郎（二四）、通弁御用出役塩田三郎（二二）小人目付谷津勘四郎（三一）、小人組頭堀江六五郎（三七）、定役元締益田鷹之助（三八）、定役杉浦愛蔵（三〇）、横山敬一（三八）同心矢野次郎兵衛（二〇）、松波権之丞（三八）通訳出役尺《せき》振八（二六）通弁御用益田進（十七）御手附翻訳山内六三郎（二七）、蕃書調所出役教授原田吾一（三五）

が使節団。それに加えて各々の家来が同行した。このなかで、とくに名をなしたのが益田進。のちの三井財閥総帥益田孝である。田辺太一は維新後も外交官僚として活躍し、『幕末外交談』という回顧録をあらわしている。今日、池田使節団のようすや外交文書がわかるのは田辺の記録による。

スフィンクスと侍たち

河津祐邦は、池田使節団の副使として若い池田をささえ、一年かけての長丁場を無事勤めあげた。成果については、当初から幕府高官の期待度も低く、さらに使節団の誰ひとりも「横浜の鎖港ができるわけがない」と思っていた。むしろ、成功させてはならないミッションだったのである。

しかし得るものがなかったわけではなく、欧州への旅程、欧州事情視察など、使節団に参加した人々にとっては無形の成果を得ることができた。なにより池田使節団を有名にしたのは、欧州への途上立ちよったところで撮った一枚の記念写真であった。

一八六四年（元治元）二月二十八日。新暦に直せば四月四日。エジプトのカイロ郊外のピラミッドを訪れた一行がスフィンクスの前で撮影した記念写真が、後世につた

スフィンクスとの記念写真（小川一真撮影）
（横浜鎖港談判使節団『日本人〈第３次〉34号』より）

わっている。

河津たちは、スフィンクスのことを「巨大首塚」と呼んでいた。

訪問団はオプショナルツアーということで行程中各国の名勝旧跡を訪れているが、エジプトのピラミッドほど、一行と似つかわしくないものはなかった。髷《まげ》、和装に二本差しという彼らの姿と、三千年という時間の経過した古代文明とはまことに対照的で、強いインパクトをうける写真である。

日本であれば桜満開の季節であるが、エジプトではすでに気温三十度を超える日がつづいていた。祐邦一行は、からっとした気持ちのよい気候につい薄着になり、油断して風邪をひく者が続出した。日本の気候と違い、エジプトは一日のなかに四季があるいわれるほど寒暖の差があるため、寝ているあいだに体を冷やして風邪をひいてしまうのだ。一行のなかでも最年長の祐邦は、まっさきに風邪をひき寝こんでしまった。そのため、ピラミッド見学にも行けず、スフィンクス前での記念写真にも参加できなかった。

エジプトは当時オスマン・トルコの支配をうけ、独立を画策していた時期であったが、スエズ運河掘削工事をはじめ外国資本が大挙流入したため、好景気にわき、新興国の勢いがあった。この新しい体制に生まれ変わろうとする姿と、古代文明という時空を超えた共存が、河津一行には日本の将来とダブって見えた。

正使池田筑後守をはじめ一行二十七名は十台ほどの馬車に乗りこみ、野次馬たちの見送りをうけ、宿舎の離宮を出発した。郊外は、エジプトの主要産業である綿花の畑がつづいた。収穫した綿はイギリスに出荷され、綿糸、綿織物として世界各国に輸出された。

エジプトの綿花栽培は、イギリスからはじまった産業革命を象徴するような大規模なもので、当時南北戦争のためにアメリカからの綿花の輸入が途絶えた代替えとして、

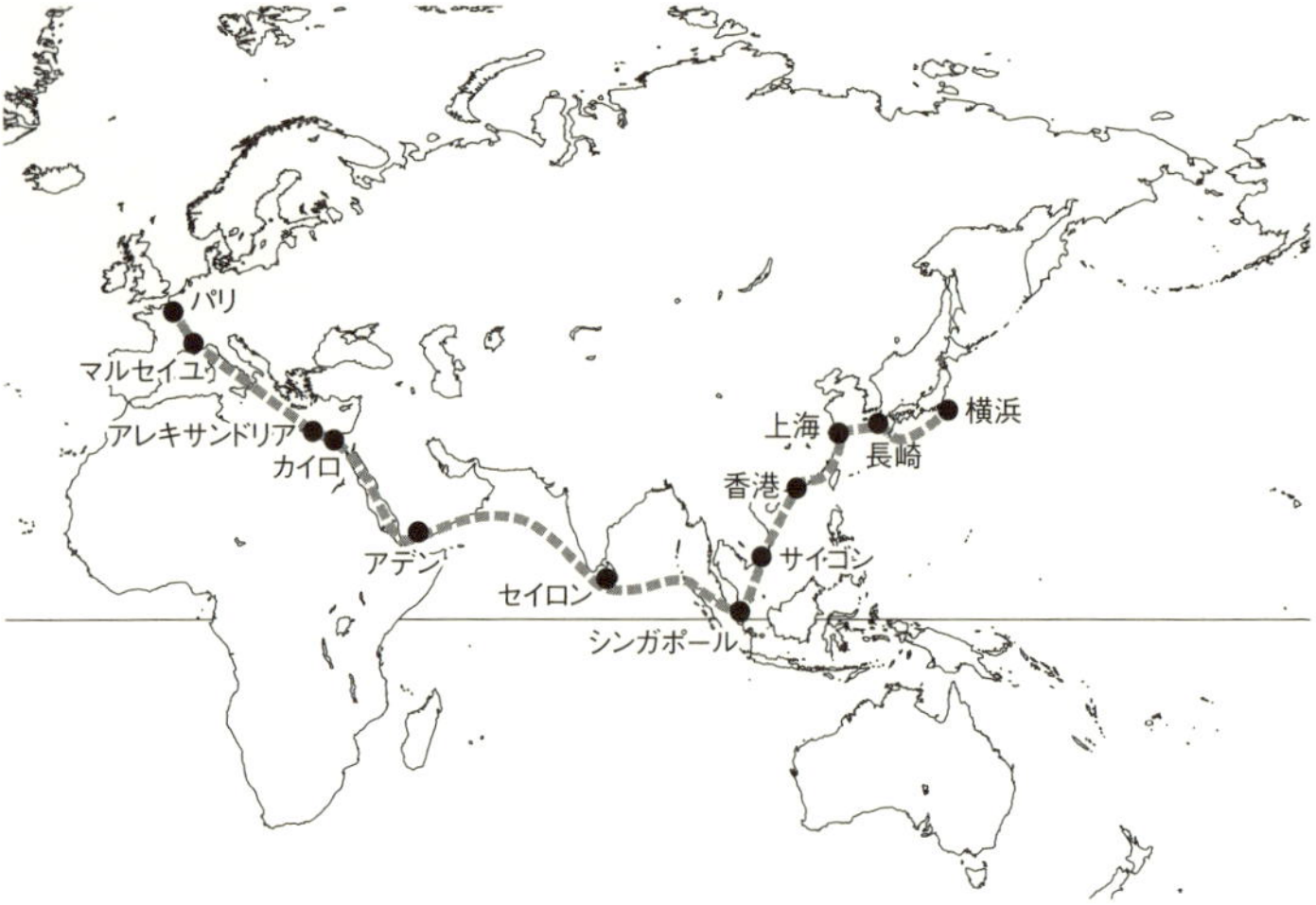

河津らの訪欧使節のコース

急速にひろまっていった。綿花栽培は、奴隷労働による代表的な単純作業として、イギリスは自分の影響下にある発展途上国に栽培させたものである。綿花は旧来の農業を破壊してプランテーション栽培される農作物で、農業の破壊は、その地域の文化や文明の破壊につながるおそれのあるものであった。当時のエジプト王イスマイルが、脱アラブをめざして全土に綿花栽培をひろげて近代化をすすめていた最中のエジプトに、一行が立ちよったのであった。

馬車に乗った一行は、やがてナイル川にさしかかった。川幅は四百メートルほどだが、水量は多い。帆船で川を渡り、川沿いの小さな村で小休止。そこから十キロメートルほどの道のりを、驢馬の背にゆられてすすんだ。やがて道は、一木一草もない砂漠にはいった。午後一時ごろ、ようやく目的地のピラミッドに到着した。

一行は、現地の係の案内で、尻を押されながらピラミッドの頂上までのぼって、四方を眺めた。一行の眼下には、広大な地平線と茶色の砂漠がひろがっていた。

ピラミッドから降りると軍用のテントが張ってあり、そこで簡単な昼食をとったのち、現地の係が手配しておいた記念撮影をすることになった。ピラミッド見物での恒例として、スフィンクスを背景にして記念撮影をした。今日の修学旅行のセットになっている団体写真のようなもので、一行が特別というわけではない。

写真に写りなれていない当時の人々は、どういうポーズをとったらいいのかわからないので、撮影者の指示に従って並ぶしかなかった。当日の撮影者は一行に、「横に広がって。自由なポーズをとって」と指示しただけだったので、直立する者、スフィンクスの腹や胸にのぼって写る者さまざまであった。ただし、当時のシャッタースピードは三秒から五秒ほどだったため、まばたきや身動きを禁じられた。

スフィンクスの胸あたりにいた三宅復一は、シャッターが下りるあいだに滑り落ち、残像だけが残った。

マルセイユ

三月五日、祐邦らの一行はエジプトの港町アレキサンドリアを船出し、地中海を一路マルセイユへむかった。地中海は、地球儀を見れば日本海のような内海であるが、規模は比較にならない。波浪は日本近海よりも激しく、これまでの航海同様船酔いする者が多かった。また、風邪をこじらせ床にふせる者もいた。船はシチリア島で給炭し、コルシカ島とサルジニア島の海峡を抜け、最短でマルセイユへ航行をつづけた。

三月十日正午。一行は南フランスの港町マルセイユに到着した。港には二百騎あまりの騎馬隊が整列し、十九発の礼砲のあと軍楽隊が歓迎の音楽を演奏した。多くの市民が詰めかけた賑やかな歓迎であった。

馬車に乗りあわせた一行をひと目見ようと、沿道にはたくさんの野次馬が押しよせた。未知の国である日本が、自分たちと異なっているが高い文明をもっているということが、旅行記や人づてに当時のフランスでは知られており、一行の行列は彼らの好奇心を満たす格好の見世物と化していた。

マルセイユはむかしもいまも地中海の中心都市であり、フランス第二の都市でもある。祐邦が見たマルセイユは、これまでの旅で見たどの都市よりも美しかった。美麗な都市であることは、さきの竹内使節団の随行員から聞いてはいたが、想像を超えていた。とくに、薄暗くなった街路にガス灯がともりゆくようす、夜でも男女が連れだって安心して歩いている様は、「いよいよフランスについた」という思いを沸き立たせずにはおられなかった。

フランスといえば、下関砲撃事件、仏人殺害事件の謝罪と横浜鎖港という気の重い任務がまっていた。フランスの地を見て、「火輪車」と呼ぶ蒸気機関車に乗って、蒸気で動く大規模な造船所を見学して、祐邦はこれからおこなおうとする交渉がはなはだ現実離れしていることがわかっていた。

マルセイユから汽車で移動した一行が、パリのリヨン駅についたのは三月十六日。日本を出発して七十七日目のことであった。マルセイユよりさらに壮大で近代化された都市に、一同声も出なかった。

リヨン駅では、これまでのように自分たちに関心をしめす者がすくなく、すでに日本人は見慣れているかのような雰囲気があった。

一行を乗せた馬車はバスチーユ広場を左折し、チボリ街を抜け、ヴァンドーム広場を北に折れた。宿舎はグランドホテルである。

ナポレオン三世の命をうけた都市設計家ジョルジュ・オスマンは、今日のパリをつくりあげた人物である。オペラ座とホテルを近接してつくるという、彼の構想を実現した建築家がシャルル・ガルニエ。いずれも天才といわれていた。ふたりのコンビネーションがあってこそ今日のパリがあるといっても大げさではなかろう。

ガルニエがつくったホテルこそ、祐邦たちの宿泊先であったグランドホテルである。ちなみに、開業直後賓客第一号となったのが、先の竹内使節団なのである。

シェルブール軍港

三月二十八日（西暦五月三日）、池田使節団とフランス側との正式な第一回交渉がおこなわれた。日本側は正使池田筑後守、副使河津伊豆守、目付河田相模守、三役以下田辺太一、田中廉太郎、西吉十郎が正式な使者となり、それぞれの従者が随行した。

宮殿の前には、一行をひと目見ようと群衆が押しかけた。正使の池田筑後守は、日本の美を凝縮したような狩衣《かりぎぬ》に金紋散らし鞘《さや》巻の太刀といういでたちで、交渉に臨んだ。なにごとにも派手なセレモニーを好むナポレオン三世と妃の喜びようは、たいへんなものであった。

親書の奉呈は儀式である。儀式が終わると使節は平服に着替え、個別の交渉がはじまった。横浜鎖港については不可能であることがどちらもわかっていたが、交渉したなんらかの成果をかたちとして残す必要があり、その調整が難しかった。フランス政府は親幕府といっていいくらい幕府には同情的で、使節団になんらかの土産をもたせ

ルクサンブール宮殿（上）とパリ市役所（下）
（上下とも『杉浦譲関係文書』より）

たいと考えてはいたが、主要な当事国イギリスの同意が得られるわけがないため、なんの合意もあたえることができなかった。

ナポレオン三世は、交渉での結果にかかわらず、使節団に破格の待遇をあたえた。ひとつ目は造船所や砲兵工廠などの施設見学。もうひとつは観閲式の正客としてむかえることであった。

祐邦は、正使池田、目付河田、通訳西など十四名でフランス海軍視察としてシェルブールも訪れている。当時、シェルブールは英仏海峡に面したフランス海軍の本拠地であるとともに、巨大な製鉄所、造船所がある最新の工業都市であった。

祐邦一行はつねに二、三百人の護衛に警備され、行く先々で十六発の礼砲で出むかえられた。破格の待遇である。

一行が最初に訪れたのは、蒸気で稼働する製鉄所であった。祐邦が見たことのある日本の製鉄所は、これに比べたら実験室にすぎない。

つづく造船所では、建造中の最新鋭の軍艦を見学した。大型砲が五十門装備されている鋼鉄艦だった。幕府がオランダの造船所で造らせている軍艦の、ふたまわりも大きい。祐邦が驚いたのは、見学したものと同規模の軍艦が、シェルブール軍港には十隻以上係留されていることであった。

シェルブール軍港は、対岸のイギリス海軍を仮想敵に建設されたもので、砲台が緊密な連携をとって配置され、一分のすきもないようにみえた。長崎は日本のなかでも要塞といっていいほどの防備を構えているが、砲は時代物の先込め式で、遮蔽物がなく露出していた。遠方から軍艦の大型砲で砲撃されたらひとたまりもない。祐邦はそう思った。

難攻不落の要塞と大型艦の艦隊をもってしても、イギリス海軍には敵わないという話を聞いて、祐邦はイギリスがどのくらい強大な国なのかあらためて実感させられた。

イギリスには、井上聞多や伊藤俊輔などのいわゆる長州ファイブが留学していることを祐邦たちも把握していた。将来、幕府対長州という対立が現実となったら、そのうしろに英仏という強大国がひかえることになるのではないかと、一抹の不安がよぎった。

ナポレオン三世の配慮であげ膳、据え膳の接待をうけた祐邦一行の視察だったが、パリへもどる車中では皆黙りこくっていた。巨大なもの、最新のものを見た喜びよりも、日本と西洋諸国の国力の違いに、暗澹たる気持ちになったのであった。

ナポレオン三世の観閲式

シェルブール軍港視察後も、日仏交渉はつづいた。日本側の主張は、貿易の縮小と結果としての横浜鎖港であった。いっぽうフランス外相ロイスの主張は、日本との貿易拡大だった。貿易の利益を使って国防力をあげ、攘夷派を一掃して、国家を近代化するのが日本の最良の選択であるという。真っ向から食いちがっていたが、日本使節団は自分の主張が現実からはずれていることに気づいていた。ましてや、フランスの近代化された都市や工場、鉄道などを見せられて、ふたたび鎖国をしようなどという意見は暴論であると。

祐邦は箱館、長崎の関税をあげて、そこで得た資金で横浜の外国商館を買いとり、横浜の鎖港を実現するという腹案をもっていたが、フランス側からは問題にもされなかった。日本側の主張は、大河の流れを小舟で逆走するような困難さがあった。開国以来、日本はすでに戻れない流れに乗っていた。

日仏交渉は、進展というよりもある時点でこう着状態となり、それを打開する権限は正使の池田にはあたえられていなかった。池田は、日本側の提案を押しとおすという気持ちが日々なくなっていった。彼もまた、切れすぎる頭で日本の将来を見とおし、国を富ませ兵を練るしか日本の生きる道はなく、国土が貧しい日本は、貿易をさかんにしていく以外の道はないと確信していたからだ。

四月十四日。ナポレオン三世は現在のエッフェル塔のあたり、パリ中心部で盛大な観兵式をおこなった。兵数は二万人を超え、砲隊、騎兵隊、歩兵隊、輜重隊が配置さ

カルーゼル凱旋門（上）とパリ株式取引所（下）
（上下とも『杉浦譲関係文書』より）

れ、実戦のような迫力ある演習であった。

日本では高島秋帆が徳丸原で演習をおこなったように、すでに兵学としての西洋風戦術がひろまっていた。当時の軍隊用語は、まだ日本語に翻訳されておらずオランダ語であった。

「小隊、気をつけ」は「ヘーファ・ペレント」という風に蘭学の一環として兵学も取りいれていったのである。

祐邦は、陣形や展開について日本で学んだ軍事知識としてもっており、教科書とした蘭書の記述どおりであった。あらためて驚きはないが、地をおおうような演習の規模は想像を超えて圧倒された。日本の戦いは人の戦いであり、西洋の戦いは衆の戦いであると思った。

観兵式を見ようと、数十万人のパリ市民があつまった。彼らのお目あては演習や皇帝夫妻などでなく、盛装した池田使節団である。池田以下陣笠羽織という服装は、パリっ子の目にはきわめて新鮮で、後々まで人々の語り草となったという。

パリ協定

パリ滞在二カ月をすぎ、一行の立場に変化が見えるようになった。攘夷まっただなかの日本を船出したときは、誰しも使命感に燃え、まだ見ぬ外国に対するあこがれで昂揚したものであった。しかし、いまや一行のなかの攘夷熱は冷め、幕府がおこなっている開国政策を疑う者はおらず、むしろ積極的な貿易振興で国富を増やすことが大切と思う者ばかりになった。祐邦がそうであったし、正使の池田はさらに誰よりも熱心な開国推進派へと変身していた。

交渉は、横浜鎖港の問題ではなく、フランスからの幕府への支援と日本側の関税引き下げという新たな課題へ変化していった。

一行のほとんどは、洋装ですごしていた。写真館で撮影されることが流行し、ピストルを買いもとめる者も多かった。わずか二カ月であったが、一行が西洋文明の一部をわが身で消化するにはじゅうぶんな時間であったようだ。

池田は一行から決断の人と呼ばれるほど決断が早く、また決断してからの行動も早かった。彼を支えているのは、天性の理解力と情報処理能力だった。副使として、若い池田を支える立場の祐邦は表舞台ではなく、裏方の務めをおっていた。そのなかの

フランス人ルイ・ルソー撮影の祐邦（東京大学史料編纂所蔵）

大きなものが、西洋諸国の事情と力関係などの情報を池田に提供することだった。

若いころから狡猾な外国人相手の交渉に慣れていたため、祐邦にはったりは通じなかった。フランス側も、祐邦がいる席では恫喝は無意味であることを悟り、誠実な対応に終始した。祐邦は、情報の分析をとおして池田の交渉を支え、自身の経験を語ることで池田の決断を促した。池田の決断は、また祐邦の決断でもあった。

池田使節団の交渉が妥結した。第一は、長州藩による下関砲撃事件で被害をうけたキャンシャン号の賠償金が十四万ドル。第二は、幕府がフランスの関門海峡無害通航を保証すること。第三は、日仏間の貿易を促進し、日本側関税を大幅に引き下げることの三点であった。

第一、第二に関しての問題はなかったが、第三点については幕府の交渉方針とは真逆であり、条約の締結は使節団の権限をあきらかに逸脱していた。

「責任は私一身が負う」という池田の覚悟に、祐邦は「同意」と腹をくくり、池田のくだした決定にわが身をゆだねることにきめた。パリ協定はこうして結ばれた。

協定を結ぶや、池田は予定を早めて「早々に帰国し、幕閣を説得する」といいだした。

随行した者たちは、予定より早い帰国を喜ぶ者もいたが、イギリスやプロシア、ロシアなどの訪問予定が断たれることを失望する者が多かった。彼らの眼中は、すでに幕藩体制下の日本だけではなく、胎動する世界、風雲急を告げる欧州などが占めていた。旺盛な知識欲とともに切迫した危機感が「日本をどうにかせんといかん」という共通の思いとして彼らを動かしていた。

帰国と挫折

一行はパリの宿舎を引きはらい、マルセイユまで鉄道で移動した。マルセイユでマラリアのために客死した一行のひとり、横山敬一の墓に参り、五月二十六日イギリス船に乗りこみマルセイユを離れた。

帰途は逆の旅程をたどり、アレキサンドリア、スエズ、アデンとすすみ、セイロン島ではゆっくりと島をめぐった。ペナン島、シンガポールまでくると、一行はまさに帰心矢のごとく、日本までの残日数をかぞえだした。

香港についたのが七月五日。そこではイギリス船が懲罰として長州砲撃を準備していると、現地の新聞がつたえていた。さらに、イギリスに極秘留学している伊藤俊輔、井上聞多が攻撃をやめさせるために急遽帰国し、イギリス側と長州側を説得してまわっているという新聞記事もあった。一行の派遣中、日本をとりまく情勢のあわただしさは、さらに加速していた。

七月十日。一行は上海に到着した。ヨーロッパからの帰朝者にとって、上海はすでに日本の入口のような気がした。欧州への途上で立ちよった際に、上海は太平天国の乱の難民で騒然としていたが、帰途には乱が平定されており、南京方面への帰還者が続出して市内はさらに大混乱となっていた。

船は東シナ海をこえ、太平洋にすすんだ。折からの台風の余波で大いにゆれた。開聞岳を見たのが七月十五日。十八日には横浜へ入港した。

横浜に上陸すると、一行はすさまじい政治的な逆風に遭遇した。

目付栗本鋤雲は「御一同は、騒ぎがおさまるまで上海で待機してほしい。上海がだめなら蝦夷地でもいい」と池田にせまった。栗本は、池田使節団が結んできたパリ協定の履行をフランスからせまられており、それを認めない幕閣とのあいだで板挟みとなっていた。そのようなときに、池田が開国を主張すればとんでもないことになる。

栗本は、池田らの身の安全を考えて一時的な避難をすすめた。

池田は「腹を切ってでも開国を進言しに江戸へ行く」といいはった。若年寄立花出雲守が説得しても池田の決断は変えられなかった。祐邦は意見をもとめられたが、「正使と同じである」と立場を変えなかった。

池田は上意により、即日隠居。祐邦は、河田とともに逼塞を命じられた。七カ月におよぶ池田使節団の任務は、このようなかたちで終わった。

池田使節団が結んだパリ協定はすべて無効とされた。

これまで、飛び石のように幕府の役職をのぼってきた祐邦は、はじめての挫折をあじわうことになった。しかし、自身の行動や決断になんの後悔もなかった。ただ、幕府の行く末と日本の将来が、彼にとってすべての関心事となっていた。

第五章

失意からの飛翔

逼塞

河津祐邦は屋敷の一室に座り、書を読んでいた。逼塞《ひっそく》という処罰は、室内にこもり、外出は夜間にかぎるというもので、武士に課せられる罰のひとつである。日中は室内ですごさねばならなかった。これまでは激務の連続で、家で寝るということさえまれであったが、祐邦にとっては、はじめて書をひらく時間をもらったようなものであった。

時局は動いている。祐邦たちがわが身をかえりみず鎖港の無謀さをとき、貿易の振興による富国強兵を建議したことは、幕閣から即刻否定された。しかし、現実の日本は、日を追うごとに外国に門戸をひろげ、祐邦たちの建議のような状況にむかっていた。

祐邦が読んでいたのは外国の兵書を翻訳したもので、すでにオランダ語の号令ではなく、日本語の号令や用語が使用されるようになり、理解をたすけていた。

箱館奉行所にいるときは、五稜郭や弁天崎台場の建設にあたるために原書を学んでいたが、学びなおしということで、火力や兵の運用など合点することが多かった。

逼塞は、五十日を原則とした期間刑である。すでに期間はすぎているが、呼び出しのないかぎり、このくらしを楽しもうと祐邦は思った。

一八六六年（慶応二）三月。祐邦は幕閣から呼び出された。四十五歳という年齢のこともあり、隠居をいいわたされてもおかしくなかったので覚悟していったが、意外にも新たな職務をあたえられた。

祐邦があたえられた職は「歩兵頭並《ほへいかしらなみ》」であった。前職が外国奉行という外交官僚だった祐邦にずいぶん格下の、しかも軍隊の中級指揮官をさせるというのである。この職は、血気さかんな旗本がつくのが普通。祐邦から見れば、同僚は子どものような者たちであった。

幕閣は、祐邦が固辞するものと思っていた。「喜んでお引きうけいたす」とためらいもなく引きうけた祐邦に対し、少し驚きがあった。

祐邦は、これまであたえられた職務についてひとことの不平も漏らしたことはなかった。今回も、どんな職であっても引きうける覚悟があった。ただ幕府歩兵といえば、番方という花形の職である。初老の自分にまで声をかけなければならないほど、幕府の人材が払底したのかと暗然となった。

歩兵頭並

徳川幕府の旗本たちは、大きくわけて役方と番方という二種類の職にふりわけられた。役方というのは、司法や行政、立法など全般的な職。番方というのは、大番、書院番、小姓番などの警察、軍事に関する職である。軍事政権という性質から、幕府は番方を上位とした。

祐邦がこれまでついた職は、箱館奉行所支配組頭、外国奉行という役方。新徴組支配という番方の両方。本来は、現在の総合職のように役方、番方両方務める者が昇進していくという流れがあったが、本来番方は武士の本分である戦士として手柄をたてることができる特別な職であった。

「旗本や御家人たちは、戦に出ることを忘れた読書階級だ」

祐邦は、そう思った。旗本は、石高によってわりあてられた軍役さえも果たすことができず、金納で代わりをすませようとしているらしい。ましてや、当主が軍服を着て戦に出るなど考えてもいないことだろう。嘆かわしいことではあるが、祐邦は、自分がやるべきことをやりとげるのみという覚悟で、歩兵頭並を引きうけた。

徳川幕府は、ペリーの来航以来軍制改革を加速させ、最新の西洋式軍隊編成を取りいれた。大きくは幕府海軍と幕府陸軍。祐邦が命じられた歩兵頭並は、幕府陸軍の中級指揮官にあたる。

幕府陸軍の最上級は老中格の陸軍総裁。大名クラスである。実質的なトップは陸軍奉行。旗本五千石格で定数一名。近代の陸軍中将にあたる。ついで陸軍奉行並。三千石格で定数一名。同じく陸軍中将。以上が高級司令部にあたる。部隊としてのトップは歩兵奉行。定員は三名。三千石格で陸軍少将に匹敵し、旅団長にあたる。ついで歩兵頭は八名。二千石格。大佐に相当し、連隊長にあたる。その下に祐邦が任命された歩兵頭並がある。歩兵頭並は十六名。千石格の大佐相当で、大隊長の任にあたる。

祐邦の年齢と経歴からいえば、歩兵奉行に任じられてもおかしくはない。あきらかな左遷人事であったが、この職は祐邦に対する試練であり、それを乗り越えることこそが幕府官僚にもとめられる資質であった。

幕府の軍事力

幕府の軍事力整備は、対外むけというよりも国内諸藩への対策であった。外国が日本に侵攻し防衛するという発想は、識者の観念のなかだけにあり、幕府としては御三家をふくめて、警戒すべきは国内諸藩だったのである。目的は、幕藩体制の保持と諸藩への圧倒的な軍事的優位の確保だった。

諸藩は開国前後から、それぞれが軍艦や銃砲などを輸入し、軍事力を高めている。幕府は独自の軍を近代化することで、諸藩との軍拡競争を繰りひろげていた。

幕府陸軍が洋式兵制を全面的に採用したのは一八六一年（文久元）。諸藩に大きくおくれをとった。旗本を幹部将校に任命し、兵卒は一般から募集したがあつまりが悪く、旗本や天領の村々に石高に応じてわりあてさせた。希望者がすくなく、多くの旗本領・天領の村々は金納ですませようとした。幕府は二百六十年あまり、旗本と御家人だけでも二万人ほどの武士をかかえていたが、幹部士官をあつめるのでさえ四苦八苦という状況だった。あつまった兵も四十歳を越える老兵ばかりで、戦力にはなりがたかった。

ようやく歩兵連隊を七個、伝習隊、撒兵隊《さっぺい》、奥詰銃隊、御料兵などの組織を整えることができたのが、慶応にはいってからだった。祐邦が、老骨に鞭打つような人事で歩兵頭並を命じられるのも、人材難からであった。

幕府歩兵

幕府歩兵は四十人を小隊として、三小隊百二十人を中隊。五中隊六百人を大隊とした。祐邦が任じられた歩兵頭並は大隊を指揮する。もうひとつの大隊とあわせて一連隊となり、歩兵頭が指揮した。

祐邦は、部隊を閲兵したときから、これは容易ならない弱さであると気がついた。人員は定数だが、老兵ばかりで行動は緩慢、集合や整列といった基本動作も徹底していない。また、銃器の手いれや扱い方が悪く、照準の調整もしていないのか射撃はことに下手だった。

いざ実戦というときに、逃げ出さずにいられる者がこのなかに何人いるだろうか。祐邦は、フランスで見た皇帝ナポレオン三世の閲兵式での兵馬のきびきびとした動作、集団で展開する運動などを理想とした。兵卒自身の命を守るためにも、徹底した訓練で基本動作を身につけさせねばならないと思った。

祐邦は、まず大隊に必要なものはなにか考え、それを誰がどのようなかたちで訓練し、そのための必要な人材や物資、場所などをどう整えるか計画をたてた。これは、箱館奉行所での五稜郭、弁天崎台場の建設や、新徴組の部隊編成、任務でも共通した方法だった。

祐邦がおこなうのは、第一に問題点の洗いだし、第二に人材と予算の手あて、第三に具体的な指示命令である。あたえられた職で人事をつくすのが祐邦のやり方だった。

祐邦が問題と考えたのは、幕府の体制が、近代兵制を支えるような変革がなされていないということであった。幕府は二百六十年あまりを、いわゆる封建制で支えてきた。封建制のもとは、厳しい身分制度とその固定化である。武士と百姓は身分的に差があり、職業的にもまったく別の階級だった。

軍隊を近代化するためには、固定した身分制度だけでは圧倒的に人材不足となる。また、従来の軍役制度では、長州征伐を例にとればわかるように、軍隊の招集にたいへんな時間と労力がかかる。足軽や人足として百姓を動員するためには、戦闘を農閑期にあわせなければならないなど、一朝有事の対応など不可能なのである。

近代歩兵の育成

祐邦は、近代陸軍の基礎は、常備軍の設置と国民軍の設立という遠大なものであると思っている。徳川幕府維持のためにつくられた陸軍は、国民軍ではなく傭兵部隊とならざるをえなかった。幕藩体制下の日本には職業的な傭兵はおらず、食いつめた者、事情のある者、身分上昇に期待している者などがふきよせられてあつまってくるのが現状であった。祐邦が組織した新徴組などは、まさにそのような傭兵のあつまりだったのである。

祐邦が預かった大隊六百人の構成は、当時の呼称によると以下のとおりであった。大隊本部は、カピテーニアヂウダンマジヨル（大隊長大佐）一名。リウトナン（記録事務）一名。外科医師一名。アジウダンスウゾヒシエ（不明）一名。クレーロン（鼓手）の伍長一名。配下に四つの小隊がある。カピテーニ（小隊長中尉）、リウトナン（少尉）、スウリウトナン（准尉）、セルジヤンマジョル（曹長）、セルジャン（分隊長軍曹）が四人。職名不明のセルジャンフーリエがいた。大隊本部と四小隊合計六百人。これが三番町の屯所に拠点をおいた。

兵一名の俸給は年十両から二十両ほどだったが、衣食住すべて支給された。歩兵一名あたり賄《まかない》、衣服、装備品などの支出が八十五両という見積りで予算がつくられていたので、大隊の予算だけでも五万両という、けた違いなものであった。合計すれば、幕府は陸軍を維持するために年間二百万両という巨費を投じていた。幕府海軍は艦船の購入費がかさむので、あわせると幕府予算の大半を軍費が占めていたのであった。

祐邦が歩兵頭並の大隊長としてできることは、訓練の刷新と待遇の改善、規則の厳正化であった。訓練は、後年の軍隊教育と重なるが、基本動作の徹底した反復と兵士（武士）としての精神教育の充実であった。とくに、集合や散開などの集団動作、号令の徹底などに重きをおいた。

待遇改善の第一は、賄による食事の質と内容を向上させたこと。第二は、休業日をきちんともうけ、勤務と休養があいまいにならないようにしたことである。休日の外出は自由だが門限はきちんと守るというあたりまえのことを徹底させた。

幕府陸軍は、法令と罰則、各規則を整えており、破った者に対しては軍法会議の設置まで詳細にきめていた。しかしながら、質の低い隊にあっては、規則をなんとも思わない兵士が多数いたために、形骸化していたものもあった。祐邦は、法令規則に従うことと、破った者の処罰を徹底させた。

みじかい期間であったが、祐邦の大隊は見ちがえるような精鋭になった。

幕府陸軍の「諸将校の人名」には祐邦の軍歴について、以下のように記録されている。功績は記されていない。

〈慶応二寅三月十五日小普請組高力直三郎支配より外国奉行
同年八月二十六日関東郡代高百俵　河津駿河守祐邦〉

関東郡代

祐邦が、歩兵頭並として幕府陸軍に在籍した期間はみじかかった。格落ちの役職を不平なく務めあげた祐邦が、つぎに命じられた職は関東郡代であった。歩兵頭並の次職は、大半の者が昇進して歩兵頭に就任している。関東郡代は、勘定関係の役職のなかでも飛びぬけて重要な役職であった。祐邦が歩兵頭並をどのように務めあげたのか、人事から判断するしかない。

郡代と代官の職務は同じである。幕府の直轄御料を代理で統治する役目。違いとしては、郡代が十万石以上の御料を担当しているのに対し、代官は五万石程度の御料や重要な都市、鉱山を統治した。郡代が上席とされ、役高四百俵。百五十俵の代官に対して差がつけられていた。

江戸時代、全国の石高はおよそ三千万石であった。そのうち七百万石が幕府領。そのなかで旗本御家人の知行蔵米三百万石をのぞいた四百万石が幕府直轄領である。大名への預地六十万石、遠国《おんごく》奉行支配十四万石をのぞく三百二十万石ほどの直轄地を郡代、代官が支配した。郡代と代官は勘定奉行の配下として、幕府の歳入を一手に引きうけていた。関東郡代のみは特別に勘定奉行格と見なされ、老中直属とされた。

一般的に、郡代・代官所の構成はつぎのようになっていた。代官、郡代の下に官吏として、元締、手代、手附がいた。元締は手代と手附のなかから選ばれた。手代は幕臣ではなく代官所の雇用である。手附は御家人などの幕臣で勘定所からの出向であったが、仕事の内容は同じ。この下に雑務や警備に当たる足軽、書役、侍、中間といった現地採用の吏員がいた。

長崎代官を例にとれば、長崎代官所に十二人、江戸役所に四人、肥後富岡出張陣屋に四名。合計二十人でおよそ三万七千石の天領を治めていた。同じ二十人で十万石を治めていた越後水原代官所の例があるので、一律にはいえない。「地方巧者」といわれた地方行政のプロ集団のあつまりが、郡代・代官所だったのである。

関八州三十万石

郡代は全国で四カ所。関東郡代、美濃郡代、西国郡代、飛騨郡代がおかれた。このなかで、関東郡代は特別なものであった。それは、徳川家康の関東支配以来、三河からの家来伊奈氏を関東代官のはじめとし、江戸馬喰町を拠点に関東一円を支配する伝統と規模をもつ郡代として、他の郡代・代官とは別格とされたからである。

天領の内百万石あまりが江戸周辺の関東に分布し、幕府経済の屋台骨を支える役目を果たしていた。郡代、代官は世襲で務める者と勘定所から派遣される者があった。郡代はすべて勘定所から派遣された者たちで、勘定所のなかでも人格識見に優れた実務家がついた。

幕府役方のなかで、もっとも評価される職が関東郡代であった。祐邦が任じられた関東郡代は、定員が四人。関八州三十万石の直轄地を二カ国ずつにわけてうけもつこととされていた。一八六四年（元治元）四人にあらためられて以来、どういうわけか一名が欠けており、同役に任じられた木村信濃守勝教と小栗下総守正寧の三名で郡代を務めることとなった。

郡代の職務は、基本的に代官と同じである。関東郡代と長崎代官の職務内容に違いはなく、各郡代役所、代官所の実情に応じた加役があり、職務の特色となっていた。郡代、代官の職務は大きく地方《じかた》と公事方にわけられる。地方は民生、公事方は警察司法といえるだろう。地方の職務内容は、年貢収納、調査、法令伝達、人別改め、普請、貧民対策などがある。公事方は、治安維持、警察活動、風紀取締、犯罪者の逮捕取調べ、実況見分、刑事裁判の審議調査などである。つまり、村方に関することすべてが郡代・代官所にかかり、少人数で多岐にわたる職務をどうさばくかが郡代と代官の能力にかかっていた。

職務でもっとも重要なものが年貢の収納。三百二十万石のうち、いわゆる四公六民で税収は一三〇万石。これが勘定所にはいり、幕府の予算となる。江戸時代の初期は、代官に請け負わせるようなかたちで徴収したため、未収や不正があとを絶たず、初期の代官はほとんどが罷免されている。その後、郡代、代官の多くは勘定所から派遣される官吏となり、役所の経費は公費で賄われるような改革がなされた。

米本位制という独特の経済体制を敷いた徳川幕府にとって、米が第一の経済指標であったため、畑作の多い関東郡代は苦心した。幕末では、金本位の世界経済に取りこまれてから、経済状況が一変し、商品作物栽培や蚕糸業などの農村への浸透が著しくなり、米中心の貢納制度にはいっそう矛盾があらわれるようになった。

祐邦は、本途物成《ほんとものなり》と呼ばれる年貢徴収から、産物単位や営業単位の運上、冥加《みょうが》収納へと重点を移動させなければ幕府財政は立ちゆかないと思っていた。祐邦の金納という考えは、明治時代になって実現することになる。

関東在方掛

郡代として祐邦の事績は、就任後わずか五カ月で関東郡代が廃止されたため、記録に残されていない。ただ、祐邦には最後の関東郡代という歴史的な肩書がついた。

一八六七年(慶応三)。祐邦は関東郡代から関東在方掛という職へ転任となった。在方掛発足と同時に関東郡代が廃止。郡代の職務はすべて在方掛へと引き継がれた。祐邦は、同役だった木村とともに、関八州を二分して統治する職についた。

関東在方掛と関東郡代の差は、在方掛が幕府直轄の天領だけでなく、旗本の私領までをふくめた広範にわたる支配地をもち、一元的に支配できるようにしたものである。これまでできなかった一元支配ができるようになったのは、北関東の荒廃が原因であった。

北関東が荒れたのは、天狗党の乱の戦場となったからである。

天狗党の乱は、水戸光圀以来、尊王思想が強かった水戸藩士がひきおこした騒動であった。尊王攘夷の実行を掲げた藤田小四郎らが筑波山で兵をあげ、北関東各地を転戦しながら、ついには遠く敦賀《つるが》まで移動するという前代未聞の騒動となった。

北関東の下仁田や和田峠で、天狗党は追討軍と衝突し、激戦を繰りひろげた。十数門の大砲と多くの銃器をもっていたので、対戦を避ける諸藩を尻目に、天狗党一団は中山道から冬の峠を越えて越前若狭にたどりついた。ここでついに力つきて、幕府に投降した。

事件の処分として死罪は三百名を超え、遠島など厳しい裁きがおこなわれた。また、水戸藩内でも天狗党家族の処刑がおこなわれ、それに対する報復が繰り返された。

水戸藩の内戦はつづき、明治維新をむかえるまでに人材がことごとくつきてしまう。その戦塵が、なお北関東をおおっていた。関東在方掛は、荒らされた天領旗本領の復興を期しておかれた職務であった。

関東在方掛の分担として、関八州を以下のように区分した。上野国岩鼻《いわはな》陣屋を拠点に武蔵国、上野国、下野国の三カ国。下総国布佐《ふさ》陣屋を拠点に安房国、上総国、下総国、常陸国の四カ国。岩鼻陣屋に木村勝教、布佐陣屋に祐邦が配された。

関東在方掛は、勘定奉行並役高二千石。担当国の農政が職務とされた。農政とは、農村における年貢収納、民生、警察裁判とくに不逞浪士や一揆取締などをふくんでいる。関東郡代よりも権限が大きく、関東取締出役と連携し、とくに治安維持が期待された。

関東取締出役とは、一八〇五年（文化二）荒廃する農村の治安維持のためにおかれた組織である。関八州取締、八州廻りともいわれる。品川、板橋、大宮、藤沢の四手代官の手附と手代から選抜された各二名、計八名が関東八か国の公領私領の区別なく立ち入り、無宿人や博徒を取り締まった。身分的には低いものだったが、権限は大きかった。実力ある者が選ばれ、幕府崩壊時までつづいた。

「道案内」の地まわりと癒着したり、恣意的な取り締まりをしたりして悪評もあったが、一定の成果もあがった。関東平野に散在する農村は、公領私領が入り乱れ、お尋ね者が逃げまわるのに適した悪条件が整っていた。蛇の道は蛇のたとえどおり、道案内の手引きで多くの博徒らを捕縛できた。小説に描かれた国貞忠治は関東取締出役が捕らえたひとりであった。

幕府は、関東取締出役の成果を認め、一八二七年（文政十）、民生取締りまで権限を拡大させた。四、五カ村で小組合をつくらせ、それを数十組束ねた大組合をつくり惣代をおいた。惣代の村を寄場といい、寄場役人がおかれ組合を運営した。このネットワークでお尋ね者を捕縛し、護送するというシステムになっていた。ただし、水戸徳川領にかぎっては関東取締出役の出入りを許さず、組合村の編成もおこなわれなかった。この組合村は、維新後も地域行政の単位として明治新政府に活用された。

幕府の意図は、成功モデルである関東取締出役と上部組織として強力な権限を有する関東在方掛を組みあわせ、水戸藩領もふくめた関東全域の治安維持をはかろうというものであった。

祐邦の担当する安房《あわ》国、上総《かずさ》国、下総《しもうさ》国、常陸《ひたち》国の四カ国は、現在の千葉県と茨城県にあたる。天狗党の騒動で荒れ果てた農村復興と、それにまき込まれた百姓家のたて直しなど課題は多かった。四カ国あわせて三十七藩にもおよぶ調整は、番方も役方も知りつくした祐邦しかまかせられないという幕閣の思いがあった。

突然の異動

関東在方掛は、幕府の支配の在り方を根本的に改革する画期的なものであった。縦割り行政ではなく、縦横のネットワークを生かした水平型の行政によって、ばらばらだった村々を「関東」というひとつのまとまりにすることをめざした。祐邦の仕事は、組織を立ちあげ、めざす方向性を示し動かすというものであったが、組織が機能するまでその地位にとどまることを許されなかった。

祐邦は、自分で最後の仕事になると思っていた関東在方掛から突然異動を命じられた。これまでも突発的な人事であったが、今度は赴任先も任務もかつてないような困難が予想される職だった。

幕府が抱えている外交問題のなかで、解決が難しいふたつの事件が、ときを同じくして長崎でおこった。異宗徒問題とイギリス水兵殺人事件である。今日では、「浦上四番崩れ」と「イカルス号事件」と呼ばれている。

諸外国の猛烈な抗議に耐えかねて、長崎奉行をふたりとも解任せざるをえなかった幕府には、祐邦以外長崎奉行が務まる人材はいなかった。従来なら同役との二人制で務める職を、祐邦がたったひとりで務めざるをえなかった。

このように切迫した状況のもと、祐邦は長崎奉行となったのである。一八六七年（慶応三）八月十五日。幕府瓦解の前夜であった。

第六章

祐邦の維新

長崎奉行への着任

長崎奉行は、幕藩体制のなかでもっとも異色な職務であった。江戸幕府初期には、キリシタン対策のために治安を重視した人事、中後期には唐蘭貿易を円滑にすすめるための経済を重視した人事、幕末には国際関係を重視した人事によって長崎奉行が選ばれた。目付からの転身、勘定所からの昇進、外国奉行経験者からの抜擢など、時代に応じた人材が配されてきた。

河津祐邦は幕府歩兵頭並であり、関東郡代であった。さらには外国奉行に任じられ、欧州派遣団副使も勤めた。軍事官僚、経済官僚、外交官僚すべての経験をもちあわせた長崎奉行は祐邦ただひとり。この点でも、祐邦が長崎奉行最後の切り札であったのはまちがいない。

徳川慶喜
（『幕末・明治・大正回顧八十年史 第３輯』より）

祐邦にとって不運だったのは、長崎奉行就任と同時に大政奉還によって幕府そのものがなくなり、国家の代理人ではなく、徳川家の代理人という立場になったことである。

幕末の長崎は大いにゆれていた。奉行所・代官所の権威がゆらぎ、反対に諸藩の存在が大きくなった。外国人は天領にかぎって遊歩が許されていたので、丸山の妓楼にのぼったり、ピクニックに出かけたり、制限されずに自由にすごしていた。

長崎奉行さえも、各国公使と茂木で地曳網《じびき》を引いたりパーティーをひらいたりして懇親をふかめるほどに、長崎の国際化がすすんだ。しかし、外国人の思わぬ行動により大小の問題も頻発した。

小さな例をあげれば、イギリス船の乗組員が、茂木で漁船をチャーターして乗りまわしているうちに、思いつきで島原藩領小浜に上陸、外国人禁制の雲仙岳に登山し、小地獄で島原藩士から捕らえられるという事件があった。自分たちは日本の法律では罰せられないと知った、外国人の悪乗りであった。これなどは笑い話のたぐいかもしれないが、一八六七年（慶応三）七月六日、七夕前夜におこった事件は、長崎市中を震撼させた。

イカルス号事件

イギリス軍艦イカルス号乗組の火夫ロバート・フォード（二八）と艦付の大工ジョン・ハッチングス（二三）が、丸山遊廓寄合町引田屋前で何者かに斬殺されるという事件があった。泥酔し寝ていたふたりは、なんの抵抗もできぬまま、いずれも肩先から胸まで斬り下げられ殺害された。ほぼ即死であった。

繁華街でありながら目撃者がなく、奉行所では当日丸山遊廓に宿泊した者や従業員らを取り調べたが、確証が得られなかった。当時長崎で、乱暴者として悪名の高かった土佐海援隊の何者かが犯人ではないかと噂が飛んだ。調べてみると、事件直後に土佐藩の横笛丸と南海丸の二船があわただしく出港していたということから、海援隊士が、ふたりを殺害後に土佐藩船で逃走したという嫌疑が出てきた。証拠はない。

この事件に激怒したイギリス公使ハリー・パークスが、高知や長崎に乗りこんで、事件の解明をせまった。海援隊士が犯人であるという嫌疑は、証拠が不十分ということでそれ以上の追及はなく、江戸へもどっていった。ただし、幕府はパークスを納得させるために、長崎の治安責任者である長崎奉行能勢大隅守、徳永石見守を解任し、居留地の安全を守るために、兵五百名を巡回させるという約束をしていた。

じつは、この事件の真犯人は事件の二日後に自殺していた。筑前福岡藩の金子才吉という藩期待の秀才であったが、にわかに錯乱し犯行におよんだという。福岡藩はこのことを隠して、土佐藩に濡れ衣をかけたまま知らぬふりをしていたが、その後露見し、維新での手柄を帳消しにされるという高い代償を払わされた。

この事件のほかにも、能勢、徳永両奉行は、浦上四番崩れに対する処置の不手際も問われ、罷免という不運に見舞われた。

そこで急きょ長崎奉行に任じられたのが、祐邦だったのである。祐邦は、これらの事件解決と、長崎の秩序を正すという使命をもって赴任した。

浦上四番崩れの中心人物である高木仙右衛門と祐邦が密かに会ったことは、すでに述べた。祐邦はこの事件の解決策として、能勢・徳永が命令した村民の監視を、十一月二十日にやめさせた。

もちろん祐邦には、キリスト教信仰を認めるという権限はなかった。将軍さえも無理であったろう。祖法と呼ばれる、幕府の根本的な禁令だったからである。しかし、国際的関心の高い浦上信徒の問題と、仙右衛門から聞きとった浦上キリシタンの覚悟を考えれば、とるべき決断はひとつであると祐邦は考えた。

「浦上から番人を引きあげよ」
このひとことで、つかのまではあったが、浦上は信仰の解放区となった。

遊撃隊

長崎には「遊撃隊」という西洋式の軍隊があった。地役人の子弟や町人たちをあつめた西洋式の隊で、幕府陸軍の一部隊という位置づけで奉行所に属していた。その数は三百人にのぼり、長崎市中や居留地を巡回していた。浦上キリシタンたちの監視をさせられたりもしたが、祐邦によって本来の業務にもどされた。

幕府歩兵と比較しても遜色ない、むしろまさっていると祐邦は見た。長崎を守るために長崎の住民からあつめられた軍隊は、祐邦の理想とする国民軍に近い。国際貿易港長崎では、新しい軍事情報を得るため、遊撃隊に最新の兵器が配備されていた。このように条件の整った軍はほかにないのではないかと祐邦は思った。

いっぽう遊撃隊士は、新しい奉行が幕府歩兵の大隊長であったことを聞き、士気があがった。これまでの奉行は、遊撃隊への関心が低く、足軽のように扱われることに不満があったからだ。

祐邦は、遊撃隊にたりないものは訓練だと考えた。幕府歩兵での経験から、集合、散開、一斉射撃などの反復練習を徹底的に身につけさせれば、相当な戦力になると思われた。あってほしくはないことだが、長崎に敵が侵入してきたときに、自分が遊撃隊をひきいて防戦する可能性は高いと考えた。

祐邦は、時間を見つけては遊撃隊の屯所へ出かけ、気づいたことをアドバイスした。また、遊撃隊員とともにあることをしめすために、幕府歩兵の戎服（軍服）を着用した。

長崎にあつまっている諸藩の侍たちには「長崎奉行なにするものぞ」というおごりがあったが、祐邦の着任以来、町人のよせあつめとあなどっていた遊撃隊が、西洋の軍隊のような動きをみせていることに驚かされた。むしろ、自分たちはあっという間に殲滅させられるのではないかという脅威を感じた。

幕府が大政奉還したことを、各藩、外国人までも知りながら、長崎ではなんの衝突もおきず、治安が守られていた。これは、祐邦と遊撃隊がもたらした平穏であった。

鳥羽伏見の戦雲

一八六八年（慶応四）正月三日。ついに徳川方と朝廷方が、京近郊の鳥羽伏見において戦端をひらいた。前年十二月九日の王政復古の大号令によって、天皇中心の政体へ形式的な権限移譲はなされたが、四百万石を有する徳川家は、辞官納地の決定にも動かず、緊張状態がつづいていた。業を煮やした薩摩藩は、西郷隆盛が指令し、江戸市中で御用盗、乱暴狼藉などの挑発をくりかえしていた。警備の庄内藩、新徴組屯所まで攻撃してくるようになったため、十二月二十五日、ついに庄内藩を中心とする諸藩が、薩摩藩邸を焼き打ちした。

鳥羽伏見の戦い
（『幕末・明治・大正回顧八十年史 第３輯』より）

この事件を待っていた薩摩藩長州藩などを主力とする新政府軍は、徳川軍に対し、鳥羽伏見で戦端をひらいたのであった。

鳥羽伏見での開戦情報は、長崎駐在の筑前藩蔵屋敷に一月十日に届けられた。筑前藩士栗田貢はさっそく西役所へ出向き、祐邦にこのことをつたえた。

祐邦はすでに情報をつかんでいた。神

戸駐在フランス公使からの情報であった。神戸では、開戦情報をうけて、警備の岡山藩と外国公使館のにらみあいがつづいているという。長崎が戦場にならないようにと心配した情報だった。

祐邦は、外国との戦争になることが、最悪の状況だと考えていた。外国と戦う場合は、遊撃隊を動員すれば、難なく居留地を確保し外国人を駆逐することはできる。しかし同時に、港内の外国軍艦からの砲撃で、長崎市中は壊滅させられるのはあきらかであった。なんとしてでも戦争を避けたかった。

祐邦は、旧幕府軍と薩長軍との戦いは避けられないと覚悟していたが、狭い長崎での戦闘は、必ず外国からの介入をまねくと思っていた。

祐邦は、みじかい期間であったが訓練してきた遊撃隊を手放すことにした。このことを宣言することで、長崎奉行は戦う意思がないということをしめしたかった。

栗田は、祐邦が、わずかな護衛を残して遊撃隊を屯所へ引きあげさせたことを不思議に思っていたが、西役所で祐邦に会って合点がいった。祐邦は戎服を身につけ、手元にスペンサー銃を二丁おいていた。いざというときには、遊撃隊を使わずにみずから銃をとり、戦おうとする覚悟がみえた。

長崎奉行所（復元）（著者撮影）

祐邦の書簡

「栗田殿。我ら江戸から来た者たちは、すべて長崎を引き払うつもりでござる」

祐邦はいった。

「ついては、御当番年の貴藩にあとを託したい。残る地役人どもについても、よろしくお取りはかり願いたい」

栗田は、重要な事柄だけに重役に相談が必要と思ったが、「お引きうけいたす。万事遺漏なきように努めます」と答えた。

祐邦には、早急にやらなければならないことがあった。

安政の開国以来、長崎は、環境の整った開港地としてまっさきに外国商人が殺到した。居留民保護と利権保護のため、各国が長崎に公使館をおいた。外国人は、長崎での行動に規制はうけなかったが、住居、会社、倉庫などは、造成された居留地内におかなければならなかった。各国公使館も居留地のなかにあった。

長崎の居留地は、東山手地区と南山手地区、両地区を結ぶ川や海岸を埋め立てて造成した大浦海岸通りの三地区があった。南山手地区は住宅、東山手地区は公館や学校、大浦海岸通は会社や倉庫が多かった。

居留地警護のため、市中との出入口に関門をもうけ、遊撃隊士による巡回もおこなわれていた。長崎は、はいりこむ浪士がすくなかったので、攘夷事件は突発的にはおこったものの、他の開港場と比較すれば安全そのものの港であった。

祐邦が憂慮しているのは、外国人と日本人の衝突であった。諸外国から戦争の口実に使われることをおそれていたのである。狭い長崎市中で、幕府と薩長の衝突がおきれば、必ず居留地に飛び火する。万が一を考慮して、現状と将来の危機についての情報を外国公館につたえておかなければならなかった。

祐邦は、長崎奉行赴任にあたって、老中小笠原壱岐守より、危急の場合は長崎を退去し、年番の筑前藩にいっさいを委ねるよう指示があった。その、万が一が現実となった。

一八六八年（慶応四）一月十三日。祐邦は、長崎駐在の各国公使あてに書簡を出した。意訳すればつぎのとおりであった。

「上方で旧幕府軍と薩長軍の衝突がおき、長崎でも戦いがはじまるという風聞がある。このため、わが国民だけでなく、貴国居留民の生命財産が脅かされるおそれがある。長崎は商港であり、防御も手薄なため、居留民の保護について、貴国の自衛をお願いしたい」

長崎に駐在していた公使（明治には領事）は、アメリカ、イギリス、フランス、オランダ、プロイセン、ポルトガル、ベルギー、デンマーク、スイスの九カ国。（スイス公使はオランダ公使が兼務）翌日には、各公使から「条約に従い尽力する」という返答をえた。アメリカからは、港内停泊中の艦船を居留民保護のため提供してもよいという申しいれもあった。

いっぽうで筑前黒田藩の番頭、肥前鍋島藩の聞役に書簡をおくり、後事を託した。

〈当今不容易の趣、相聞こえ候に付、ひとまず江戸表へ支配向召し連れ、引き取り候間、右留守中、長崎表の儀、当分両家御預かり所と相心得…（後略）…〉

祐邦は、長崎奉行としてふたたび長崎に帰ることがあるとは思っていなかった。江戸から赴任していた役人、その家族、家来たちを責任もって江戸へ帰還させねばならないという使命感以上に、長崎の地役人としてよくつくしてくれた地元の役人たちの行く末を、なんとかして保証してやりたいという気持ちがあった。

文面には「各国との条約、関税などは、地役人たちが把握しているので、そのまま仕事を継続させてほしい。製鉄所については、支配定役の本木昌造に申しつけてある」と添えた。

一月十四日。祐邦は、ふたたび各国領事あてに書簡をおくった。「奉行をはじめ長崎奉行所支配向の役人は江戸へ退去するが、筑前肥前藩に当地のことは引き継いでおり、実務についても、担当地役人は残ることになったので安心してほしい」という内容だった。

事務の停滞がないように、筑前肥前両藩と諸外国公使、地役人の一部に対し、祐邦はこれからおきうることとその対処について、手あてを終えることができた。最後の課題は、長崎に駐在している江戸からの役人とその家族、家来の安全な退去であった。

騒然とする長崎

長崎の町に浪士はすくないといっても、土佐の海援隊をはじめ各藩邸にいる侍たちが、奉行退去を聞きつけて、役人やその家族を襲撃してくるおそれがあった。退去には、中立的なイギリス船をチャーターして江戸まで直行する手はずをとったが、役所や役宅から港までの陸路を、安全に移動できるような策を立てなければならなかった。

市中では、一月九日、本古川町を火元とする火災がひろがり、長崎の中央部榎津町、万屋町、西浜町、東浜町を延焼させた。その際、海援隊の拠点であった土佐商会も全焼したため、市中では余燼《よじん》がくすぶり、焼けだされた者が行きかっている状態だった。

薩摩藩邸では、長崎奉行が藩邸を焼き打ちするという噂に、藩士が逃げ去って門番ひとりだけが残った。西役所では、土佐や薩摩浪士の襲撃に備え、モルチール砲を据え、臨戦態勢にはいっていた。たがいに疑心暗鬼がひろがっていた。

筑前肥前両藩、各国公使に書簡をおくった一月十四日、祐邦は突然、奉行所業務をより安全な立山役所に移すことを命じた。西役所から立山役所まで、十町ほどの距離を長持や両掛荷物が列をつくりすすんだ。

市中が奉行所のひっこしで混雑するなか、大波止の船着き場をめざす一団がいた。

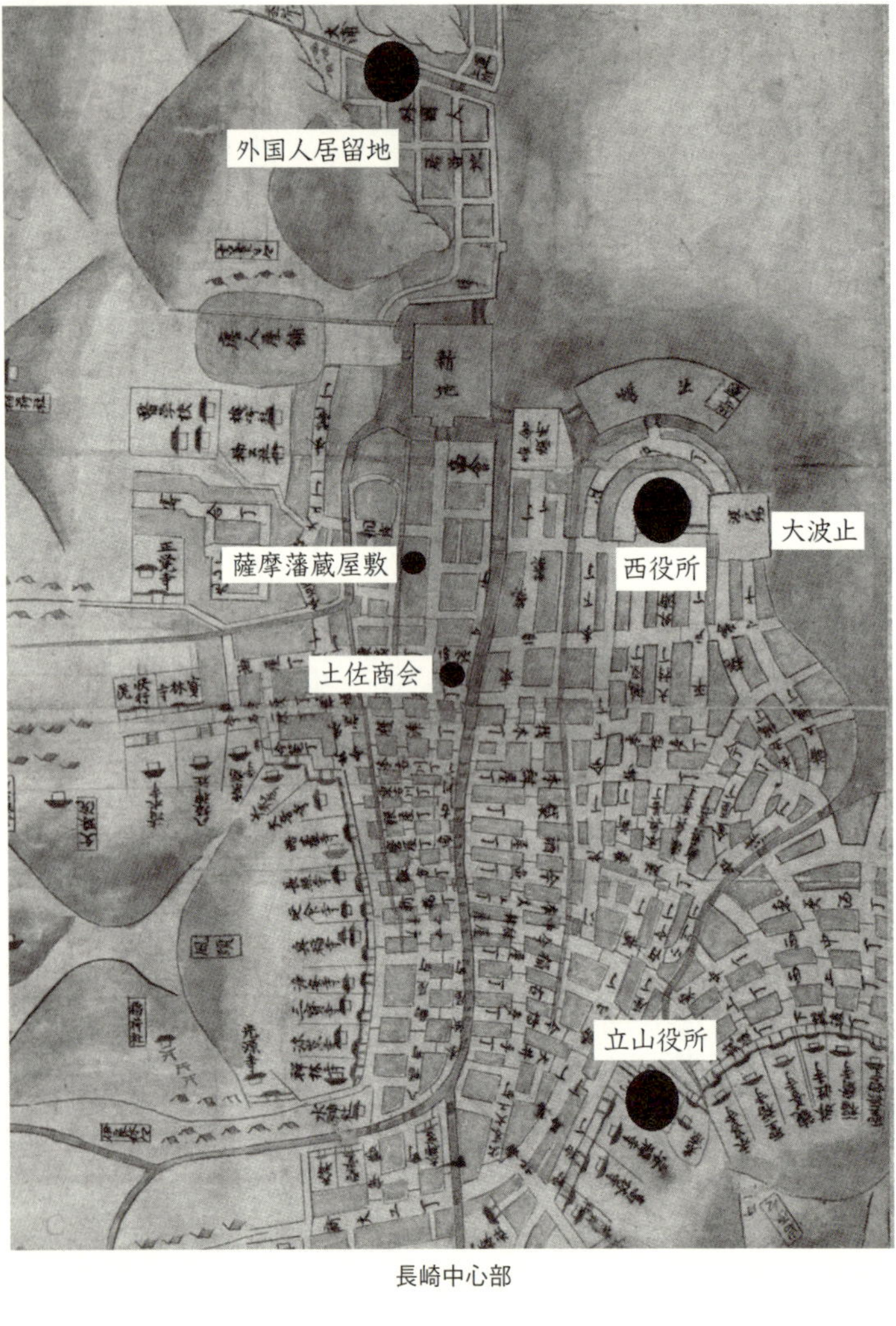

長崎中心部

数人のグループが、港見物にでも出かけるような風情で大波止にあつまり、小舟に乗りこんだ。小舟は、くりかえし港の中央に停泊しているイギリス船へむかった。

祐邦の指示で、奉行所の与力、同心、勘定などの役人の家族とその家来たちだった。全員が乗船したとの報告をうけた祐邦は、もっとも油断ならない薩摩藩、土佐藩に気づかれないように、彼らの情報網になっている地役人にも秘匿してみずからの退去をすすめた。

長崎脱出

一月十四日暁九つ（午後十一時）ごろ。祐邦は、奉行所西役所対面の間から板敷廊下を抜けて、警備の者たちの詰める表門へむかった。

兵装に靴の祐邦を長崎奉行と気づく者は誰もいなかった。従うのは家臣ではなく、たまたま廊下で出くわした地役人、村尾三十郎わずかにひとり。祐邦はポケットの拳銃をにぎったまま、無言で村尾の後ろを歩き大波止へくだっていった。

坂の途中で巡邏《じゅんら》していた遊撃隊の草野庄三郎に、村尾は「河津公である。大波止までお供申しあげよ」と、祐邦の身を草野に託した。

草野は祐邦を大波止に係留している小舟まで先導し、「ご機嫌よろしくあらせられますよう」と、小舟に乗りこむ祐邦を見おくった。祐邦は無言のまま会釈した。江戸へ退去されるのだなと草野は思った。

「奉行が逃げた」

土佐藩士、佐々木高行の口から思わず言葉がこぼれた。

佐々木は、深夜にもかかわらず騒々しい市中に胸騒ぎを感じて、土佐藩士と海援隊の隊士二十名ばかりをひきい、長崎奉行所西役所におしかけた。奉行と談判するつもりであった。

前日の昼間に役所の書院で、奉行とひざをつきあわせて長崎の治安について語ったばかりであったが、深夜になっても奉行所からの喧騒が市中までつたわってきたので、なんの騒ぎかと、手勢をあつめて駆けつけてきたのであった。もぬけのからとはまさにこのことで、奉行の家来はもとより、江戸から赴任していた役人たちもすべて退去したあとだった。

「奉行はいかにおわすか」佐々木は、地役人に問うた。

「奉行はいつの間にか引き払われました」と問われた者はこたえた。事実、地役人の誰も気づかないうちに忽然と奉行が消えていた。
「それは残念。引き払ったものはしかたない」
とりあえずいまはなにをすればいいのか佐々木は考えた。

佐々木を出し抜いた祐邦

前日に佐々木が祐邦と面会したのは、奉行所配下の兵が、土佐藩士を攻撃してくるのではないかと疑いをもっていたからだった。奉行所にはわずか数十名の侍しかいないが、地役人たちの家から二男三男、さらに腕の立つ町人たちを編成した遊撃隊があった。

佐々木高行
（『幕末・明治・大正回顧八十年史』より）

土佐藩の人数はわずかに二十名あまり、かかえの海援隊を加えても五十名。いっぽう、遊撃隊は三百名。佐々木が上手に諸藩の兵力をあつめても、歯のたつ相手ではなかった。

長崎には、土佐藩をはじめとして肥前、筑前、肥後など九州の諸藩が蔵屋敷をもち、聞役という侍を駐在させていた。彼らは武人というよりも各藩の経済官僚というべき者たちで、長崎での買い物や情報収集を任務とし、丸山での夜の接待がおもな仕事という、長崎ならではの侍たちだった。したがって、どの藩も武器や兵はもたず、実働兵力はわずかに土佐藩かかえの海援隊の荒くれ男たちだけだった。

佐々木は問うた。

「京阪においては、すでに兵端をひらいたと聞く。いかに考えるか」

「京阪地方の風聞は確報がない。いずれにしても、長崎港では決して戦端をひらくことはない」祐邦が答えた。

「兵隊が日に三度も巡邏《じゅんら》しているようすは、戦争がはじまったかのようで民心が動揺している。兵隊が外国人たちとつまらぬことをしでかしては、大事ならんことである。奉行所はなるべく穏当にやってもらいたい」

「承知」

「弊藩からの命令があれば、主君のため馬上において見参するつもりであるが、貴殿も同様であろう。そのときは正々堂々戦書をおくっていただきたい。外国人居留地に波及しないようにするのがもっとも肝要である」

「尊藩の容堂公は、将軍家と格別にご親密であるから、そのようなことはあるまいと信じておる」

「いや。大義名分の上から、将軍家と干戈を交えることもあるであろう。覚悟はしている。そのときは戦書を送ってくだされば、立派に勝敗を決すであろう」

「必ずその際は通知する」

以上のような祐邦からの確言を得て、佐々木は奉行所を退出したのであった。

佐々木が懸念していたのは、兵力が劣る諸藩の兵を遊撃隊が攻撃してくるのではないかということ。いずれ中央の戦雲は、長崎までたなびいてくる。そのときの祐邦の決断が、自分たちやこの長崎を左右することをおそれてけん制したというのが、会見のなかみだったのである。

しかし佐々木の思惑とは逆に、大兵力を有しながらも、祐邦は戦わず退去する道を選んだ。祐邦の決断は、まったく無傷の長崎をあとに残すということであった。

「奉行が逃げた」のにはこういう理由があった。

その後の長崎

祐邦は船上の人となった。老中からの密命どおり、長崎に駐在していた役人とその家族は、一名も欠けることなく退去することができた。諸外国公使に対しては退去を通告しており、事務の停滞はないと考えていた。土佐と薩摩が、筑前藩への権限移譲を認めてくれれば、二百六十年ものあいだ長崎を統治した長崎奉行所の後始末は完了する。

祐邦が去った長崎奉行所は、佐々木高行ひきいる海援隊士によって占拠された。あわてて駆けつけてきた薩摩藩士を海援隊士が射殺するというアクシデントもあったが、諸藩の合議制でことを決定し、実務は地役人が従来どおり勤めるという体制が固まった。

祐邦は、住民がいたずらに動揺しないよう、各戸に行きわたる量の米を地役人に託していた。また、地役人らが困窮しないように、奉行所の予備金を残した。祐邦の配慮によって、人々が気づかないうちに権力の移行が完成していたのであった。

祐邦らの長崎脱出は成功した。出しぬかれた腹いせに、土佐藩の佐々木高行が「河津奉行は夜逃げした」「奉行所の金を持ち逃げした」などという誹謗中傷を、明治期にはいってから一方的にながしつづけたため、後世の人々はそれが真実であるかのように信じた。

祐邦が江戸へもちかえろうとした金銭は、長崎奉行所の管轄する金銭ではなく、長崎の金蔵にあった幕府の予備金だった。責任者として、祐邦はこれをもちかえる義務があった。あらかじめ船に積み終えており混乱はなかったが、抜錨間際に佐々木らが船に乗りこんで、「幕府はなくなったのであるから金蔵の金も引き渡せ」と要求した。武装して中立の外国船にのりこんでくるという、国際法も知らないふるまいだった。

佐々木らの話を聞くと、土佐藩をはじめ、当座の自己資金さえ手元にないという。祐邦は自分が責任を負うつもりで、一万五千両すべてを引きわたした。どうしたことか、しばらくすると佐々木たちは「江戸に帰られる路銀にしてほしい」と三千五百両を返しにきた。これが顚末であった。

祐邦の申し送りどおり、筑前藩粟田貢は一月十五日早朝、長崎駐在諸藩の聞役たちを招集し、今後の長崎の運営について話しあった。各藩の代表で合議する「長崎会議所」で、市政や外国公館との交渉などを担当するときめた。佐々木らは、会議所で筑前と肥前をけん制させ、薩長に近い大村藩を取りこむことで、主導権をにぎった。

会議所では、筑前藩の存在が小さくなり、佐々木と薩摩藩松方助左衛門（正義）の独裁がつづいた。やがて、京都から沢宣嘉や井上馨が下向し、長崎裁判所に権力がうつった。長崎の町はその後、長崎府、長崎県となり、静かな港町にもどった。

（了）

おわりに

祐邦は、長崎支配向の役人、その家族、家来などを無事に江戸へ連れ帰った。

江戸では、かつての幕府はすでに消滅しており、幕府瓦解とともに外国事務総裁小笠原長行が罷免されて以来、諸外国との折衝さえ滞っていた。しかし、政情にかかわらず、外交関係だけは維持しなければならない。

祐邦は、休む間もなく、外国総裁に任命された。新政府はまだ機能しておらず、外交の空白が懸念されるなか、現在の外務大臣に相当する役職についたのだった。そしてこの職も、祐邦が幕引きすることになる。やがて祐邦は、幕府最後の若年寄となり、彼の波乱の職歴も終わった。

祐邦は、維新のほとんどすべてのできごとにかかわり、多くを目撃した。それだけでなく、徳川幕府の終焉を看取り、明治新政府のスタートに弾みをつける役割を果たした。

これが、河津祐邦の真実の姿なのである。

河津祐邦は、燃えつきたように一八七三年（明治六）五十二歳にて死去。墓は谷中玉林寺にある。子は、大津事件で刑事局長を務めた法学者、河津祐之。孫は、経済学者として東京帝国大学教授を務めた河津暹《すすむ》である。

河津祐邦関係の年表

西暦	和暦	月日（旧暦）	満年齢	経歴
一八二一	文政四年	七月三日	0	旗本天守番河津八郎右衛門祐有の長男として江戸小石川牛天神広小路拝領屋敷で誕生。
一八五〇	嘉永三年	九月六日	29	家督相続。旗本小普請組高力直三郎組に編入。家禄百俵。
		十二月	29	表火之番。役高七十俵。
一八五一	嘉永四年	八月	30	徒目付。
一八五四	嘉永七年	閏七月二十八日	33	箱館奉行所支配調役。百五十俵高。
		十二月二十七日	33	箱館奉行所支配組頭。百五十俵高。永々御目見以上。
一八五八	安政五年	二月二十七日	36	布衣を許される。家禄百俵高。
一八六三	文久三年	四月十一日	41	新徴組支配千石高。
		九月二十八日	42	外国奉行二千石高。
		十一月二十八日	42	遣欧池田使節団副使として渡欧。
一八六四	元治元年	七月十八日	43	帰国。横浜港へ上陸。
		七月二十三日	43	派遣中の不行届を理由に免職。逼塞を命じられる。

一八六六	慶応二年	三月十六日	44	幕府歩兵頭並千石高。
		八月十六日	45	関東郡代二千石高。
一八六七	慶応三年	一月二十六日	45	関東在方掛（勘定奉行並在方掛）上総、下総、安房、常陸の担当
		八月十五日	46	長崎奉行。十月十一日長崎着任。
		九月十五日	46	勘定奉行格に昇格。
一八六八	慶応四年	一月十五日	46	長崎退去。
		一月二十四日	46	外国事務副総裁。
		二月六日	46	外国事務総裁。
		二月二十九日	46	若年寄。
		六月十七日	46	病気につき御役御免。
		七月二十六日	47	隠居。
一八七三	明治六年	三月二十七日	52	死去。法名龍門院殿公山浄案大居士。菩提寺東京都台東区谷中玉林寺。

参考文献

木村直樹『長崎奉行の歴史』角川選書（二〇一六）
鈴木康子『長崎奉行の研究』思文閣出版（二〇〇七）
外山幹夫『長崎奉行―江戸幕府の耳と目』中央公論社（一九八八）
森永種夫『犯科帳 長崎奉行の記録』岩波新書（一九六二）
森永種夫『流人と非人 続・長崎奉行の記録』岩波新書（一九六三）
長崎市編『新長崎市史　第二巻近世編』（二〇一二）
田辺太一『幕末外交談』平凡社（一九六六）
鈴木明『維新前夜　スフィンクスと34人のサムライ』小学館（一九九二）
長崎県編『長崎県史　対外交渉編』吉川弘文館（一九八五）
大久保利謙『明治維新と九州』（一九七三）
浦川和三郎『浦上キリシタン史』国書刊行会（一九四三・一九七三復刻）
片岡弥吉『日本キリシタン殉教史』時事通信社（一九七九）
福田忠昭『振遠隊』（一九一八・一九六九復刻）
高木慶子『高木仙右衛門に関する研究』思文閣（二〇一三）
安高啓明『近世長崎司法制度の研究』思文閣出版（二〇一〇）
藤野保『近世国家解体過程の研究』吉川弘文館（二〇〇六）
姫野純一『海外情報と九州　九州大学出版会』（一九九六）
松尾晋一『江戸幕府と国防』講談社（二〇一三）
函館市編『函館市史』通説編第一巻（一九八〇）
市立函館博物館編『五稜郭築造と函館戦争』（二〇一四）
陸軍省総務局編『陸軍歴史』（一八八九）
子母澤寛『新撰組始末記』中公文庫（二〇〇四）

拙著『株式会社長崎出島』講談社（二〇〇五）

参考論文

奥山英男「幕末の軍事改革について」『法政史学19』法政大学文学部（一九六七）
森田吉彦「兵学者名倉信敦の海外見聞」『帝京大学文学部紀要40』帝京大学（二〇〇九）
舟橋明宏「日本近世の行政事務とその経費」『税大ジャーナル22』税務大学　国税庁（二〇一三）
石井耕「日本の人事政策の起源　江戸幕府後期御家人の人材登用と昇進」『北海学園大学学園論集　一五六』（二〇一三）
函館市教育委員会編『特別史跡　五稜郭』『箱館奉行所跡発掘調査報告書』（二〇〇六）
村上直「江戸幕府代官史料の性格」『法政史学　38』（一九八六）
村上直「天領の性質と代官の位置について」『法政史学48』法政大学史学会（一九九六）
森杉夫「代官所機構の改革をめぐって」『大阪府立大学紀要（人文・社会科学）』（一九六五）
児玉正幸、大坪壽「山岡鉄舟の剣禅修行道の極地に至る道程　生死得脱の円現へ」『学術研究紀要』鹿屋体育大学（二〇〇一）
大石慎三郎「江戸幕府の行政機構」『学習院大学経済論集』（一九七三）
野村亮「慶応四年の長崎鎮定と副島種臣」『社学研論集一一』早稲田大学大学院社会科学研究科（二〇〇八）
重藤威夫「慶応・明治初年の浦上崩れと神仏分離政策」『経営と経済』長崎大学学術研究成果リポジトリ（一九六一）
戸森麻衣子「近世中後期長崎代官高木氏について—長崎奉行との関係を踏まえて」『国文学資料館紀要三十五号』（二〇〇四）
戸森麻衣子「長崎地役人」『武士の周縁に生きる』吉川弘文館（二〇〇七）
中西啓「河津伊豆守の長崎奉行着任」『長崎医学百年史』（一九六一）
南波純「近世代官所町の歴史地理学的考察」『歴史地理学紀要』歴史地理学会（一九八四）
宮永孝「イギリス軍艦「イカルス」号水夫暗殺一件」『社会労働研究』法政大学社会学部編（一九九五）
宮永孝「ベルギー貴族モンブラン伯と日本人」『法政志林』法政大学社会学部学会（二〇〇〇）
後藤致人「孝明新政府における新撰組の位置」『愛知学院大学論叢 文学部紀要 42』（二〇一二）

拙稿「長崎代官支配小島牢の成立と展開」『長崎市長崎学研究所紀要長崎学　創刊号』（二〇一七）
「慶応三年新徴組大砲組之留」内閣文庫　国立公文書館収蔵
史談会編「清川八郎履歴」『旧功者恩典之儀請願書』国立公文書館収蔵（一九〇三）
「是ヨリ先旧長崎奉行河津祐邦官守ヲ棄テ去ル時ニ土佐藩士佐々木高行薩摩藩士松方正義等本地ニ在リ変ヲ聞キ馳セテ奉行邸ニ抵リ僚吏ヲ諭シ衆庶ヲ安撫シ肥筑以下十三藩士ト謀リ会議所ヲ置キ権ニ内外ノ事務ヲ管理シ急ニ状ヲ京師ニ奏ス是日又之ヲ各国領事ニ告ク」『太政類典第一編自慶応三年至明治四年七月』国立公文書館収蔵
「旧長崎奉行河津祐邦伊豆守上国ノ報ヲ聞キ其変アランコトヲ恐レ援ヲ各国領事ニ請フ是日後事ヲ筑肥二藩士ニ託シ属吏ヲ率テ海路江戸ニ帰ル」『太政類典第一編自慶応三年至明治四年七月』国立公文書館収蔵
「旧庄内藩新徴組取扱金ヲ同組現存者ニ賦与」太政類典第一編自明治四年至明治十年』国立公文書館収蔵

参考辞典

竹内誠他『徳川幕臣人名事典』東京堂出版（二〇一〇）
太田亮『姓氏大辞典』角川書店（一九六三）
大石学編『江戸幕府大事典』吉川弘文館（二〇〇九）
『国史大辞典』吉川弘文館（一九九七）
『寛政譜以降旗本家百科事典』

著者略歴

赤瀬　浩（あかせ　ひろし）

1961年長崎市生まれ　1983年長崎大学教育学部卒業
2000年上越教育大学大学院修了
長崎県公立学校教員を歴任
現在、長崎学研究所主幹　長崎史談会所属
《主な著書》
『日本の創造力』（日本放送出版協会、1994）共著
『鎖国下の長崎と町人』（長崎新聞社、2000）
『株式会社出島』（講談社選書メチエ、2005）
『港町に生きる』（青木書店、2006）歴史研究学会編　共著
『弥太郎の長崎日記』（長崎文献社、2010）

長崎偉人伝

河津祐邦

発　行　日　2017年12月1日　初版第1刷

著　　　者　赤瀬　　浩（あかせ　ひろし）

発　行　人　片山　仁志

編　集　人　堀　　憲昭

発　行　所　株式会社 長崎文献社
〒850-0057　長崎市大黒町3-1　長崎交通産業ビル5階
TEL095-823-5247　ファックス095-823-5252
HP:http://www.e-bunken.com

印刷・製本　株式会社 インテックス

ISBN978-4-88851-283-1　C0023